はじめに

　世界での韓国語の広がりを受けて、韓国政府が主管するTOPIK（韓国語能力試験）の受験者が年々増加しています。試験が現在の形に改訂された2014年以降は、韓国でTOPIKの対策書が次々と出版されている状況です。日本国内では、従来年1回の実施だったのが、2008年以降年2回になりましたが、来年はさらに機会が増え、年3回受験できることになりました。

　小社でもTOPIKの対策書を相次ぎ出版していますが、実は10月16日の第48回の試験（TOPIK Ⅱ）を、二人の社員が受験することになりました。自ら対策を行い受験してみれば、試験の内容・傾向や、教材の良しあしについてよく分かるでしょうし、今後の本作りにフィードバックできるはずです。ちょうど本誌制作の山場が受験日の直前とかぶっていたのですが、現時点（10月14日）でも本の締め切りに追われ、試験勉強が追い付かないとかなり焦っている人もいます。結果は12月に発表されますが、普段から「勉強の恥はかきすて」、すなわち「間違えることを恥と思わず、積極的な姿勢で学習に臨むべし」と読者にアドバイスしている立場上、受験者の二人は、結果が良くても悪くても読者に向けて公表するとのことです。

　さて、前々号の特集「残念な韓国語」についていただいたお便りの中に、「取り上げた表現が主に若者言葉のようだが、学習者が韓国の人に対して使える機会があるのか」という内容のご質問が何通かありました。まず、この特集で取り上げた韓国語の表現には、いわゆるスラング（俗語）は含まれていません。また、多くがパンマルの表現ですが、基本的には年齢を問わずに使えるものです（ご存じのとおり、パンマル自体はどの年齢層でも使われるものだからです）。併記してある日本語にくだけた調子のものが多かったため、このような誤解を招いたのだと察しますが、小社では、口語とスラングを厳密に区別しており、スラングは特別な断りなしに扱わない方針であることを、この機会にお伝えしたいと思います。ただし、この特集で取り扱ったパンマルの表現の中には、そのまま丁寧語に直して使えないものもあります。その点ご注意いただければと思います。

hana編集部一同

韓国語学習ジャーナル hana
Vol.16 2016.11

CONTENTS

Feature 특집

004 現場の先生が答えます！
韓国語学習法相談室

006 学習一般の相談
008 会話・発音の相談
013 言葉遣いの相談
017 ボキャブラリーの相談
020 教材・教室の相談
023 検定試験の相談
025 留学の相談

Culture 문화

030 WHAT'S HOT / 032 CINEMA / 034 TV

036 MUSIC / 038 BOOKS / 039 STATIONERY / 040 GOURMET

『hana』を含む小社出版物の正誤情報をHPに随時アップしています。小社HP (http://www.hanapress.com) の「サポート」からご確認ください。

※本書記事中のレベル表示は、初級＝「ハングル」能力検定4級レベル、初中級＝「ハングル」能力検定3級レベル、中級＝「ハングル」能力検定2級レベル、上級＝「ハングル」能力検定準2級より上のレベルを目安としています。
※本書では原則として韓国語能力試験（TOPIK）を「TOPIK」と、「ハングル」能力検定試験を「ハングル検定」と表示しています。
※本誌に掲載されている情報は原則的に2016年9月末時点のものです。

Learning 학습

- 042 hana NEWS DIGEST `TR04-07, 26-29`
- 048 ゆうきの街とーく韓国語
  VOICE OF SEOUL!「私が腹を立てるとき」`TR30-32`
- 054 これだけ覚えて！擬声語・擬態語「物の状態」`TR33-39`
- 056 「名詞＋基本用言」で覚える韓国語の連語
- 060 上級を目指すための 文法ポイント強化「-고と-아/어서の重なる用法」
- 066 誰でもすぐに始められる！はじめての音読 `TR40-43`
- 070 日本人が知らないネイティブの受け答え
  こんなとき、どういう？「ごまかすとき／話をそらすとき」`TR44`
- 072 多読ライブラリー【初中級】やさしい韓国語で読む韓国の文化・風物 `TR45`
- 076 多読ライブラリー【初中級】やさしい韓国語で出会う韓国の人物 `TR46`
- 080 多読ライブラリー【中級】原文で読む韓国の名作 `TR21-24`

+one 플러스 원

- 089 イム・チュヒのhana+one `TR01-25`

Forum 포럼

- 125 Present & Information
- 127 Voice

CD CONTENTS

本誌の付録CDには、トーク、ニュース、インタビュー、朗読を楽しめるリスニングプログラム「hana+one」と、その他の記事をサポートする音声が収録されています。CDの収録内容一覧はP.089、「hana+one」のスクリプトと対訳は、P.090-124に掲載しましたので、音声と共にお楽しみください。

【CDの収録時間】64分

今回の特集では、「学習法に関するさまざまな疑問や悩み」を取り上げます。回答してくれたのは、大学、高校に始まり、語学学校やシニアのグループまで、多様な韓国語教育の現場に立つ傍ら、日々韓国語を楽しく実用的にマスターできる教授法を求めて横浜近辺で活動する「ハンギョドン（韓国語教授法研究トンアリ）」のメンバーです。

■ 今回の相談に答えてくれた方々（50音順）
金順玉先生（コリ文語学堂代表、フェリス女学院大学他講師、NHK「テレビでハングル講座」講師）／谷澤恵介先生（文教大学講師）／中川正臣先生（目白大学他講師）／阪堂千津子先生（東京外国語大学他講師）／白尚憙先生（文教大学講師）／山下誠先生（神奈川県立鶴見総合高校教諭）／尹貞源先生（神奈川県立金沢総合高校講師、韓国語通訳）

学習一般の相談　P.006

相談 01 ｜ 30分以内などの短い時間で効率的にできる勉強は？
相談 02 ｜ 地方在住者のモチベーション維持
相談 03 ｜ 楽しみながらゆるく続けられる学習方法

会話・発音の相談　P.008

相談 04 ｜ 会話力全般を伸ばすために具体的に何をすべき？
相談 05 ｜ すらすら言葉が出てこない。会話の瞬発力はどう鍛える？
相談 06 ｜ 会話を独学で練習する方法は？
相談 07 ｜ シャドーイングの効果って本当にあるの？
相談 08 ｜ 自然なイントネーションを身に付けたい！
相談 09 ｜ 激音が苦手。どう練習すればいい？
相談 10 ｜ いまだにパッチムがうまく言えない！

言葉遣いの相談　　　P.013

相談 11 ｜ これだけは押さえておきたい敬語のコツは？
相談 12 ｜ 韓国人の婿やその家族と話すための言葉をどう学ぶ？
相談 13 ｜ 美しい丁寧語を使いこなしたい

ボキャブラリーの相談　　　P.017

相談 14 ｜ 会話ができない原因は語彙不足？
相談 15 ｜ とにかく単語が覚えられない！
相談 16 ｜「漢字韓国語」でどこまで行ける？

教材・教室の相談　　　P.020

相談 17 ｜ 教材がたまる一方で、消化できない！
相談 18 ｜ 紙の辞書は必須？
相談 19 ｜ 趣味のドラマ観賞と学習をどう組み合わせる？
相談 20 ｜ 個人レッスンがいいか、グループで勉強した方がいいか

検定試験の相談　　　P.023

相談 21 ｜ ハン検とTOPIK、受けるならどっち？
相談 22 ｜ これからTOPIK Ⅱを準備。どう勉強するのが効率的？

留学の相談　　　P.025

相談 23 ｜ 留学の費用対効果
相談 24 ｜ 留学せずに実力を伸ばすには
相談 25 ｜ 大学正規課程で学ぶのに必要な韓国語力は？
相談 26 ｜ 留学後の実力維持について

学習一般の相談

相談 01 | 30分以内などの短い時間で効率的にできる勉強は?

日々の生活でまとまった学習時間を取れないのですが、30分以内などの短い時間で効率的にできて、しかも続けることで効果が出る勉強方法にはどういうものがあるでしょうか?

回答 外国語学習の効果的な方法は自律学習をどう組み立てるかにあると言われています。自律学習というのは独学や自習という意味ではなく、自分自身で学習の目標を立て、学習を進め、その結果を評価し、さらに次の目標を立てて学習していくことです。そのためにはやはり根気がいるのですが、まずは自分が達成したい目標を紙(大きめの付箋がよいでしょう)に書いてみてください。次にその目標を達成するための目標を付箋(小さい付箋)に書いてください。目標は小さくなるほど枝分かれしていきます。例えば、韓国人と韓国語でサッカーについてやりとりできるようになりたいという大目標を立てたとします。この目標を達成するためには、サッカーに関する語彙、文法、発音、文の組み立て、話の展開の仕方などが必要になります。このうち、語彙であれば、サッカーに関連したものを覚えたり、文法であれば、サッカーが好きな「理由」を表す文法や日本と韓国のサッカーの「比較」をする文法を練習したりする必要があると思います。ただし、このようにサッカーに関することを誰かに話したり、メールなどで書くにしても、まず聞いたり、読んだりできなければ、「やりとり」はできるようになりません。そこで、関連する表現が含まれたCDを聞いたり、文章を読んだりして、目と耳で理解し、それから産出という流れで学習を進めていくといいでしょう。まとまった時間が取れない場合、このように一つひとつの目標を達成していきながら、自分が「できること」を増やしていくといいと思います。「できること」が増えるのは継続して学習する根気にもつながるのではないでしょうか。(中川)

相談 02 | 地方在住者のモチベーション維持

地方在住の中級レベル学習者です。意欲だけは高いのですが、教室は入門・初級ばかりで、同じようなレベルの人と知り合う機会もありません。同じような境遇の人は他にもいらっしゃると思うのですが、どのようにモチベーションを維持して、実力を上達させているのか知りたいです。

回答 地方で相当な実力をお持ちの中級学習者の方にお会いする機会が多いですが、皆さん同じような悩みをお持ちのようです。どのようにモチベーションを維持されているのか伺ったところ、次のような活動をされているようです。

① 地方の公民館やフリーペーパー、『hana』のインフォメーションページなどにカフェ勉の広告を載せて仲間を集める
② 日本人で実力のある人をリーダーにして勉強会を定期的に開催する
③ 有名な講師を地方講座に招く（前田真彦先生やゆうき先生など有名ですね！）
④ NHKのラジオ・テレビ講座を活用する
⑤ 検定試験や資格試験での満点を目指して実力を維持する
⑥ 韓国現地で行われる短期語学研修に定期的に参加する
⑦ 韓国語学習に関するブログの継続的な読者になったり、自分も発信したりする
⑧ スマホアプリをダウンロードして継続的な読者になる（「リアル韓国語会話」などたくさんのアプリがあります）

最近では、ネットで仲間を集め、地域で自主的な勉強会を開くのがトレンド。まとまった人数が集まったら講師を派遣してくれるサイトも人気です。とにかくいろんな所に出掛けていって仲間を増やし、お互いに励まし合うのが長続きされるコツのようです。（阪堂）

相談 03 ｜ 楽しみながらゆるく続けられる学習方法

10年近く、近所の公民館の教室で週1回学習しています。入門を終えてからは進歩がないのが目下の悩みですが、強い意志や目標もなく、韓国語学習はボケ防止と割り切っています。こんな私でも、楽しみながらゆる〜く続けられる学習方法を教えてください。

回答 私は数年前から大学の生涯学習センターでも韓国語を教えるようになりました。生徒さんたちのほとんどが60代の方々です。私もそうですが、年を取ると物覚えが悪くなるのは仕方がありませんよね。特に文法などは一度覚えても、なかなか定着しないものです。質問者の方がおっしゃるとおり、楽しみながらゆるく続けるというのはとても大切なことだと思います。無理をするとやる気自体がなくなりますから。そこで私のイチオシですが、CD付きの多読多聴テキスト（初級用の日韓対訳本）の音読をおすすめします。日本には昔から「素読」の習慣がありますが、韓国語でもこれはとても有効な学習方法です。まず初めに対訳の日本語の部分を先に読んでしまいます。それから韓国語の部分を大きな声で音読します。日本語と韓国語は語順が似ているので、繰り返し音読しているうちに韓国語が次第に身に付いてきます。このとき、「相談04」でも説明しましたが、CDのモデル音声（朗読）のリズムとイントネーションに注意して、その朗読の調子を徹底的にまねするようにしてください。韓国語の発音が自然に身に付くはずです。この勉強法なら特別に机に向かう必要もなく、テキストとCDプレーヤーがあれば、いつでもどこでもできるはずです。一生懸命にやる必要はありません。大切なのは自分のペースでゆるく繰り返すことです。（谷澤）

会話・発音の相談

相談 04 | 会話力全般を伸ばすために具体的に何をすべき?

「韓国語ペラペラ」になることを目標に、何よりも韓国語の会話力を伸ばす勉強に力を入れたいと考えています。具体的には何をすべきか教えてください。

回答 会話力は「聞く力」と「話す力」が必要になります。何について(日常会話、業務に関する会話、専門分野に関する会話など)やりとりするときに「ペラペラ」になりたいかにもよりますが、まず会話力を伸ばすには、「聞く力」が前提となります。会話というのは相手とのやりとりですので、相手の会話が聞き取れなければ成り立ちません。ここで重要なのは「聞く力」は「話す力」とは同じではないということです。聞き取れることは必ずしも話せることを意味しませんが、少なくとも聞き取れることの中に話せることがあるといわれています。これは「話す力」を伸ばすためには、「聞く力」を伸ばす必要があることを意味しています。日常会話について「ペラペラ」になることを目標にするならば、まずご自分にとって身近なテーマ(趣味など)について聞き取れることを増やしつつ、話せることも増やすことをおすすめします。また「話す力」というのは、単に語彙や文法をうまく使えることだとか、発音が上手だということではありません。例えば、外国語の会話能力テストであるACTFL-OPI*では、①タスク、②場面/話題、③正確さ(発音、文法、語彙など)、④テキストの型を基準に「話す力」を判定します。発音や文法、語彙は「話す力」を支える一部の能力でしかありません。もし、自分の学習が発音や文法、語彙に偏っているのなら、今、自分はどのような場面/話題(日常生活、社会的な場面など)で、どのような形(文と文のつながり、段落で話せるかなど)で、どのようなこと(質問をする、ストーリーを話すなど)ができるかを自分で振り返ったり、周りの人(先生など)からフィードバックをもらったりして、次のステップにつながる目標を立てるといいでしょう。(中川)

*ACTFL-OPI:外国語教育関係者の学会ACTFL(全米外国語教育協会)が開発した、外国語の口頭運用能力を測定するためのインタビューテスト。OPIはoral proficiency interviewの略。

相談 05 | すらすら言葉が出てこない。会話の瞬発力はどう鍛える?

韓国語で話をするときに、すらすら言葉が出てきません。「えー」などの言葉を挟んで声に出すので、相手も聞き苦しいですし、タイミングを損ねていることを自覚しています。すらすら声に出すためにはどういう訓練をするといいでしょうか?

回答 実際にはネイティブも適切な語彙を探したり、次の話の流れを考えたりする間、음、어などを発することがあります。でもその時間が相当かかってしまうなら、まずその理由を明らかに

する必要がありますね。次の五つのうち、自分に何が足りないのか、自己点検してみましょう。

① 発音の問題
② 適切な語彙
③ 文のつなぎ方（文法）
④ 話題（関心外の話）
⑤ 韓国語らしさ（声のトーン、イントネーション、リズムなど）

韓国語をすらすら声に出せるようにするには、音読やシャドーイングなどの練習をよく用います。単語熟語レベルの場合は、「자동판매기、自動販売機、자판기」「백문이 불여일견이다、百聞は一見にしかず、백문불여일견」のように、全部と略語を同時に練習してインプットし、文レベルの場合は、口（音）以外に、表情や手のしぐさなど、まるで演じるように表現すると、より韓国人らしさが出て、伝わりやすくなるでしょう。

「すらすら読める」「シャドーイングができる」からと言って、「すらすら言える」わけではないですよね。ただまねる段階を終えて次の段階として、キーワードのメモを見て話す。メモを見ないで滑らかに「自分で話せる」ように、口に染み込ませるくらい練習を繰り返します。

その他、「早口で読む・言う・聞く・話す」のも瞬発力を高めるいい方法だと思います。例えば、パソコンを利用してYouTubeの再生スピードを「1.5倍、2倍…」と設定できるので、興味のあるジャンル、好きな俳優などを検索して、それらの動画で楽しく練習してみるのはいかがでしょうか。（尹）

相談 06 ｜ 会話を独学で練習する方法

会話がうまくなりたいのですが、教室に通っているわけでもなく、韓国語で話せる相手が身近な所にはいません。独学で、どのように会話の練習をすればいいでしょうか？

回答　会話をするには相手ももちろんですが、「言いたいこと」がないと成り立たないですよね。一人でもできる「私だけのQA100集」を作ってみてはどうでしょうか。ただし、自分から話題を提供して相手に聞いていく、「QA集」の逆バージョンのいわば「AQ集」のようなものです。要領は以下の通りです。

1）まず自分について語る
テキストの文章を丸暗記するのは苦痛ですが、自分のことなら無理せず覚えやすいですよね。自分の趣味、家族関係、興味のあることなど、一つの話題につき3〜5行程度の例文をたくさん作ってみましょう。作文の手助けとして、「グーグル翻訳」などを使うと便利です。音声入力もできるので、正確な発音の練習にも役立つでしょう。

2）1の内容についての質問カードを作る
自分の趣味が旅行なら、相手にも聞いてみましょう。まずは여행 좋아하세요?（旅行は好きですか？）のような네/아니요（はい／いいえ）で答えられる質問から始めて、한국 어디 가 보셨어요?（韓国のどこに行ったことがありますか？）のような疑問詞を使った質問へと広げていきます。

3）相づちの練習をする
適切な相づちは話す意欲を促しますね。그러세요（そうですか）、저런（そんな）、속상하셨겠어요（悲しかったでしょうね）など、思いつくままに書き留めて、それを切り出す練習をします。

4）あいまいな答え方の練習もしておく
答えたくない質問に対し、相手を傷つけないよう、글쎄요（さあ）、그냥 그래요（まあまあです）、별로요（別に）とさりげなく逃げたり、逆に聞き返したりする練習をするのも、話をつなげるコツです。

『hana Vol.15』の特集「『私』について表現する韓国語」の中から「これなら使えそう」と思える内容をQA集にどんどん追加していきましょう。QA集が第2弾、第3弾と増やせていったら心強いですね。（尹）

相談 07 ｜ シャドーイングの効果って本当にあるの？

シャドーイングを学習に取り入れていますが、あまり大きな効果を実感できません。多分時間ができたときに練習をやるという私の方法に問題があるのだと思いますが、どうやるのが最も効果を出せるでしょうか？

回答　シャドーイングは、「聞く」と「話す」をほぼ同時にこなせる練習法として定着していますが、重点の置き方を絞ることでより効果を上げることができます。ここで取り上げるのは、リーディングの要素も取り入れたシャドーイングです。まずは、理解可能なコンテンツを選びます。リスニングとは違いますから、きちんと聞き取れるものを使うか、そうでなければスクリプトを音読してから行うといいでしょう。これができていれば、聞きながらつづり字を頭に浮かべることができると思います。そして今度は、つづり字を思い浮かべながら聞いた音声を再現していくのです。これらの作業を継続して処理していくことにより、正確に聞けて言えるようになるという寸法です。ここで大事なのは、つづり字が把握されていることです。なので、場合によってはスクリプトを見ながらこの作業を行うのもいいでしょう。発展バージョンとしては、数倍速で行った後に普通速度に戻すとゆっくりに感じられること（インターチェンジ効果）を生かしたやり方も考えられます。このように緻密なシャドーイングの他に、聞き取れな

い部分やつづり字が分からない部分に細かくこだわらずに、全体的なリズム感や抑揚を習得することに重点を置いたシャドーイングもあります。これらのシャドーイングを、適当な案配で組み合わせていくと効果的でしょう。(山下)

相談 08 | 自然なイントネーションを身に付けたい！

上級レベルで韓国語の意思疎通に問題はないのですが、日本語式のイントネーションが身に付いてしまっていて、なかなか直りません。これをどう克服すればいいでしょうか？

回答 最も簡単で有効な方法は、韓国語のCD付き朗読教材を購入し、ただひたすら声を出して音読することです。最初はテキストの文章を見ながらCDのモデル音声（朗読）に合わせて音読してください。次にテキストを見ずにCDだけを聞いて発音します。その際、モデル音声に少し遅れて、自分の声をかぶせるように発音します。モデル音声のリズムやアクセント、イントネーションにできるだけ忠実に、聞こえたとおりに「韓国語の声」を再現してください。そして最後にモデル音声なしでも声が再現できているかどうか、自分の声を録音して自己チェックしてください。以上の過程をその朗読教材1冊分しっかりと練習できれば、あなたの韓国語発音はてきめんに良くなるはずです。ただ、できたら教材は自分の興味が持てるようなテーマや素材（ニュース、エッセー、物語）を扱ったものがいいでしょう。自分が関心のない内容を繰り返し練習するのは疲れますからね。(谷澤)

相談 09 | 激音が苦手。どう練習すればいい？

激音が苦手です。特に語中に激音があるとうまく発音できません。よく指摘されるのが、목욕탕、대구탕、설탕など、탕がうまく言えず、韓国人に理解してもらえません。どこに気を付けて練習すればいいでしょうか？

回答 日本語では、韓国語の平音や激音、濃音に当たる音によって、意味の区別をしないために、これらを発音し分けるのはとても難しく感じられますが、意識はしないものの、実際には類似した音は出しているので工夫次第で習得することができます。「激音は口の前に薄い紙を垂らして紙動けばよし」「濃音は日本語の小さい『っ』のように言えばよし」など、これまでもさまざまな練習法がありますが、ここでは、息の出し方に注目してみましょう。

まずは激音です。激音は有気音ともいわれ、子音と母音の間に気（息）が出る音を意味します。ㄱ、ㄷ、ㅂ、ㅈは、舌や唇が息の流れを完全に遮る子音です。その状態をしっかりつくって息をため、重たいドアを押し開けるようなつもりで息を出します。そして、気（息）が出るだけで声帯が震えていないことを一瞬確認してから母音に移るようにすると、ㅋ、ㅌ、ㅍ、ㅊになるのです。

一方で濃音は、ㄱ、ㄷ、ㅂ、ㅅ、ㅈの舌や唇の状態で、たまった息に圧力をかけ一気に出すようにします。圧力に耐えかねたドアが、バタンと一気に開いてしまったような感じです。こうすると、

激音のように気（息）だけが出る隙はなく、直後に母音に移行するのです。参考までに、平音の場合は、息の圧力を極小化することで、それらしい音を出すことができます。ご指摘のように、日本人の語中の激音は濃音に聞こえる傾向があるとも言われますが、逆手に取れば、語中の濃音は比較的得意だということです。だから、語中の激音と語頭の濃音により重点を置いて練習すればよいのです。（山下）

相談 10 ｜ いまだにパッチムがうまく言えない！

学習歴はそれなりに長いのですが、꽃（花）を「コツ」、말（言葉）をマルと発音してしまったりと、いまだに基本的なパッチムの発音ができません。やはり素質的に発音を直すのは無理でしょうか？　今からでも練習することで解決できるのでしょうか？

回答　日本人にとって鬼門とも言うべきパッチム。でも、確実な習得法があります。その名も、「パッチム一時停止安全確認法」！

第1のポイントは、口の形と舌の位置を確認することです。

① ㄴ・ㄷ・ㄹ は、舌の先が上の歯の裏側に付くようにします。
② ㄱ は、舌を息が止まるまで後ろにぐっと引きます。
③ ㅁ は、上下の唇をしっかり合わせます。

この三つは、私たちが日本語を話す中でも現れる状態なのですが、日本語では次に母音が来るために一瞬にして解消してしまうのに対して、韓国語のパッチムは次にさらに子音が連続するので、その状態のまま一定時間維持されます。実際にはごくわずかの時間ですが、練習ではその時間を大げさに引き伸ばして、口の形・舌の位置を確認するのです。

第2のポイントは、このときに息の流れを切らないことです。これは意外に難しいかもしれませんが、運転中に、ギアを入れたまま一時停止をして左右を見て安全確認をする要領でやってみましょう。

そして第3のポイントは、確認した口の形・舌の位置から即座に次の子音に移ることです。この方法を多くの方にご紹介したのですが、共通して見られる弱点があります。それは、パッチムから次の子音に移る間に、どうしても日本語のように一瞬母音が入ってしまうことです。パッチムから次の子音の口の形と舌の位置への転換を、ゆっくり練習しましょう。一時期集中してやれば、必ずできるようになります。（山下）

言葉遣いの相談

相談 11 | これだけは押さえておきたい敬語のコツは？

韓国人のお客さまに日常的に接する仕事をしていて、敬語を使ってサービスをしなければならないのですが、絶対に押さえておきたい敬語のコツのようなものがあったら知りたいです。

回答 韓国語の敬語の使い方が日本語と最も異なっているのは、身内であっても自分より目上の人であれば敬語を使って話すところです（絶対敬語）。次の例を見てみましょう。

日本語：社長は席を外しています。
韓国語：사장님은 지금 안 계십니다. (直訳：社長さまは今いらっしゃいません。)

これについてはすでにご存じという前提で、いくつかの敬語表現について見てみます。

1) 基本的な作り方
動詞や形容詞の文末語尾を-(으)세요/-(으)십니다/-(으)십니까?にします。ある程度親しい方や年下のお客さんには-(으)세요 (尊敬のヘヨ体) を使います。一般のお客さんに使う場合は-(으)십니다/-(으)십니까? (尊敬のハムニダ体) の方が丁寧に聞こえます。

① 성함이 어떻게 되세요?/되십니까?　お名前は何とおっしゃいますか？

② 연세가 어떻게 되세요?/되십니까?　お年はおいくつですか？

③ 이쪽으로 앉으세요./앉으십시오.　こちらにお掛けください。

④ 맛있게 드셨어요?/드셨습니까?　おいしかったですか？

⑤ 또 오세요./또 오십시오.　またいらしてください。

⑥ 어디 불편하세요?/불편하십니까?　どこかお加減がよくないですか？

2) 案内の表現
お客さんを案内する場合はヘヨ体よりはハムニダ体の方が丁寧です。

⑦ 여기 있습니다.　こちらにございます（物を渡すときの「どうぞ」）。

⑧ 출구는 저쪽입니다.　出口はあちらになります。

⑨ 네, 바로 됩니다.　はい、すぐにできます。

3）質問、推薦、依頼の表現
丁寧に尋ねたり、何かをすすめたりするときは-(으)시겠어요?を使うと便利です。依頼する際には、-아/어 주시겠어요?と聞きます。

⑩ 뭐 드시겠어요?　何になさいますか？

⑪ 커피로 하시겠어요?　コーヒーになさいますか？

⑫ 녹차 드시겠어요?　緑茶はいかがですか？（녹차 하시겠어요?より丁寧）

⑬ 서명해 주시겠어요?　ご署名をいただけますか？
（金）

相談 12 ｜ 韓国人の婿やその家族と話すための言葉をどう学ぶ？

娘が韓国に嫁いだのをきっかけに韓国語を学び始めて、5年になります。万年初級でしたが、孫が生まれたこともあり、発奮してもっと上達しようと決意したところです。これから婿や向こうの家族と話すために、どのような言葉を身に付けたらいいでしょうか？

回答　子どもたちの婚姻によって、親類になった親同士のことを韓国語で사돈（サドン）と言います。これまでは、自分の子どもたちの幸せや穏やかな親族関係を望むだけに、その付き合いにもお互いに遠慮し合うようなところがありました。でも最近は、사돈同士で旅行に出掛けたり食事をしたりして、より親しい関係を結ぶようにもなっています。質問者の方は向こうから見たら外国人なので、向こうの사돈も堅苦しい礼儀や言葉遣いを期待したりはしないはずです。それにお孫さんが生まれて話しやすい環境になっているので、初級の韓国語でも遠慮せずに積極的に話した方がいいと思います。まず사돈に対して温かい関心を示しましょう。例えば、健康、仕事、趣味、孫について話すのはどうでしょうか。それからお婿さんとは仕事、家事、育児について話せばいいと思います。話のきっかけを韓国語で作ることさえできれば、後は娘さんが通訳してくださることでしょう。사돈に対しては丁寧語を使い、お婿さんに対してはパンマルで構いません。また、お婿さんは名前で呼ぶのではなく、姓が김なら김서방

（キムさん、キム君）、姓が이なら이서방のように呼びます。いくつかの例を挙げておきます。

① 사돈, 건강은 어떠세요?
　　サドン、ご健康でいらっしゃいますか？

② 우리 나이는 건강 관리 잘 해야 해요.
　　私たちの年では健康管理をちゃんとしなくてはいけませんよ。

③ 사돈 하시는 일은 잘되세요?
　　サドンがなさっているお仕事は、うまくいっていますか？

④ 하시는 일이 더 잘되길 바랍니다.
　　なさっているお仕事がもっとうまくいくように願っています。

⑤ 요즘 취미로 하시는 게 있어요?
　　最近、ご趣味でなさっていること、ありますか？

⑥ (孫の名前) 이/가 김서방을 닮아서 똑똑하네요.
　　○○がキム君に似てお利口ですね。

⑦ 몸조심하시고 살펴 가세요.
　　体にお気を付けてお帰りください。

⑧ 김서방, (娘の名前) 을/를 많이 도와줘서 고마워.
　　キム君、○○をよく手伝ってくれてありがとう。

⑨ 이서방, 하는 일은 재밌어?
　　イ君、仕事は面白い？

⑩ (孫の名前) 이/가 요즘 좋아하는 놀이는 뭐지?
　　○○が最近好きな遊びは何？
　　(白)

相談 13 ｜ 美しい丁寧語を使いこなしたい

美しい丁寧語を使いこなしたいと考えていますが、そのような希望を1冊でかなえてくれる本はないようです。何をお手本に、どう学べばいいでしょうか？

回答 美しい丁寧語の見本として、『改訂版KBSの韓国語 標準発音と朗読』(HANA刊)をおすすめします。教科書、文学作品、ニュース、案内など、さまざまなジャンルを取り扱っており、特に原文に長音の印も付いています。韓国人は普段の会話では長短音をほとんど意識していませんが、言葉のプロであるアナウンサーは、長音、短音を区別して話します。1拍分の長さを取る日本語の長音の影響により不自然になる場合があるので、初級段階ではすすめないのですが、ある程度韓国語にも慣れてきたら、長音を意識してみるといいでしょう。非常に品があって、余裕を感じられる話し方になります。

この本で基礎固めができたら、ドラマや映画の中で、「この人のように話したい！」と思えるようなモデルを見つけて、その話し方を徹底的にまねしましょう。その際注意すべきことは、俗語やはやり言葉は品格に関わることがあるので、よく判断して避けるべきです。その他に幾つかのコツを記します。

1) 相手を配慮する表現や決まり文句などを使いましょう。
　　바쁘신 가운데도 나와 주셔서 감사드립니다.
　　お忙しい中、おいでいただきましてありがとうございます。
　　번거롭게 해서 죄송합니다.
　　お手数お掛けして申し訳ありません。

2) 一般動詞に「尊敬の-시-」「婉曲の-겠-」などを付けると丁寧な言葉になります。
　　알아요? ➡ 아세요?　分かりますか？
　　모릅니다. ➡ 모르겠습니다.　分かりません。
　　시작합니다. ➡ 시작하겠습니다.　始めます。
　　말씀합니다. ➡ 말씀하시겠습니다.　(先生が)お話しします。
　　언제 와요? ➡ 언제 오시겠어요?　いついらっしゃいますか？

3) なるべく命令形よりも勧誘表現を使います。
　　(여기) 앉으세요. ➡ (여기) 앉으시지요.　座ってください。
　　들어가세요. ➡ 들어가시지요.　お入りください。

　(尹)

ボキャブラリーの相談

相談 14 | 会話ができない原因は語彙不足？

話せない、聞き取れないのは語彙不足が原因とよくいいますよね。それはどういうことなのですか？

回答 おっしゃるとおり、語彙力は、聞くことと話すこと（読むことと書くことも同様）に重要な役割を果たしているといわれています。次の韓国語を読んでみてください。「친구 공원 같이 놀다（友達、公園、一緒、遊ぶ）」。この韓国語は語彙だけが並んでいますが、意味はおおむね理解できると思います。このように文法を使わなくても韓国語の語順さえ知っていれば語彙だけで話す内容が理解できることがあります。一方、文法項目は口に出して言っても（例えば-ㄴ까と言ってみてください）何も伝えることはできません。つまり、話すことであろうが、聞くことであろうが、語彙のやりとりでメッセージの伝達が可能なケースもあります。これが「話せない、聞き取れないのは語彙不足が原因」といわれるゆえんです。では、韓国語の単語帳をめくりながら毎日覚えれば、聞き取れて、話せるようになるかというと、そういうわけでもありません。会話の中で、どのような語彙が使われるかは、会話のテーマが影響しています。料理がテーマであれば、材料や調理方法などの語彙が使われる可能性があるでしょうし、料理教室がテーマであれば선생님（先生）や배우다（習う）などの単語も含まれることが考えられます。また、誰と話すか、どのような場で話すかによっても選ばれる語彙は変わってきます。このようにテーマや状況を把握した上で、語彙が理解できれば、語彙だけでメッセージを伝えられる可能性があることから、語彙不足は会話力に影響するといわれています。（中川）

相談 15 | とにかく単語が覚えられない！

とにかく単語が覚えられません。以前覚えたはずの単語が分からず、悔しい思いをすることも幾たびか。みんなどうやってボキャブラリーを増やしているのでしょうか？

回答 効果的な暗記方法については英語をはじめ他の外国語でも多くの研究がされており、絵などの視覚イメージ（目）や音（耳）を使って覚えたり、何かと関連付けて覚えたりすると覚えやすいといわれています。しかし、結局は個人の学習スタイルによってどれが一番効果的なのかは異なりますので、以下に紹介する方法をやってみて、ご自分に合う方法を見つけ出してみてください。

①ひたすら単語を紙に書いて覚える
②興味のあるテーマを扱った文章を読みながら分からない単語を抜き出して辞書で調べ、そ

の文脈で覚える
③テーマ別に関連する単語・思い浮かぶ単語を抜き出し、「単語の固まり」を作って覚える
④単語で思い出す自分のイメージに最も近い絵や写真、もしくは自分でイラストを描いて、そのイメージ（イラストや写真）と共に単語を覚える
⑤覚えやすい語呂合わせを作る（連想記憶術）

次に、忘れた単語の記憶を取り戻す方法ですが、何度も反復して学習することにより脳のひだに記憶を植え付けるのが効果的な（というか、それしかない）暗記法だといわれています。反復して覚える方法としては、以下のようなものがあります。

①PCのスタート画面にスイッチを入れると単語（1日20～100語程度）が出てくるように設定し、覚えたものは消して、覚えられない単語だけが残るように設定し、2週間後にもう一度、最初から全部の単語をチェックする
②スマホのアプリを使って覚えたい単語をピックアップして毎日繰り返す
③スマホ対応の暗記ツール文具を利用する

最近は、蛍光ペンで苦手な所を色付けし、スマホで取り込むとそこだけ塗りつぶされ、タップすると正解が出てくる、という暗記用ツールや、ノートに書いた単語をスマホで撮影すると自動的に単語帳アプリになる、という優れた単語ノートも発売されています（ペンテルの「アンキスナップ」や「手ぶらで暗記 Smatan」など）。これらは手を動かしながら暗記したい人にはおすすめです。（阪堂）

相談 16 ｜ 「漢字韓国語」でどこまで行ける?

なるべく漢字語の知識を頼りに韓国語を上達させたいと考えています。そのためにはどんな方法があるでしょうか?

回答 日本語と韓国語における漢字語の近似性は驚くばかりですので、ご指摘の学習法は大正解です。ここでは、日韓共通の漢字語が多用されているコンテンツであるニュースを教材とすることをおすすめします。特に、日本や世界のニュースで、かつ日本でも報道されている題材を選べば、すでに内容は分かっているものが多く、韓国の人名や地名などなじみのない固有名詞も少ないので、ストレスなく聞き取れると思います。特におすすめは、NHKワールドのニュースです。これは日本のニュースの翻訳版なので、内容も身近である上に、日韓共通の漢字語が多く使われていて、分かりやすいのです。これにある程度慣れてきたら、今度は韓国のニュース専用チャンネルYTNに挑戦しましょう。韓国特有の漢字語が使われるのに加えて、固有語の頻度も上がるので、やや難易度が高くなりますが、その分韓国語らしい韓国語を習得

することができます。NHKワールドのニュース、YTN共にウェブページにスクリプトが出ているのが心強いところ。数回聞いて分からない部分をスクリプトで確認した上で聞き直す、このサイクルを繰り返すと、驚くほどクリアに聞き取れるようになるはずです。さらにありがたいことには、特にYTNはアナウンサーや記者が原稿通りに読まないためにスクリプトと実際の音声がずれていることがあり、このずれを探すのも勉強になるというおまけ付きです。(山下)

ネットやK-POPを学習に活用する！

インターネットを通じて多くの情報が得られる近年、本や教室に頼らず、ネット上の情報や素材を基に、韓国語を一定レベルまで習得したという人もいます。ここまでやるのは一般的でないにしても、ネット、特にSNSは日々の学習やモチベーション維持に大いに役立てることができます。『hana Vol. 14』の特集『残念な韓国語』はまさにツイッターの記事がベースになっていますが、今回ここで紹介したいのが、同じくツイッターのアカウント「基礎から韓国語＝キソカン（旧基礎から学ぶ韓国語bot）」です。

韓国語を基礎からしっかり学ぼうというツイッターアカウントですが、文法項目のワンポイント説明から、語彙や表現、本の紹介まで、韓国語学習のコンテンツを30分置きに自動配信しています。入門・初級レベルだけでなく、中・上級向けの内容も多く含まれているので、『hana』の読者にもおすすめです。

基礎から韓国語＝キソカン
@Kiso_Korean_bot

実は、中の人（アカウント運営者）は、現職の国語教師で、学習書や教室に頼らず、ネット上の情報と韓国の歌謡、さらに韓国人との交流を通じて韓国語を習得したという経歴の持ち主。歌で韓国語を学ぶ方法を他の人にもすすめています。

歌で覚える方法は、無理に覚えるのとは違い、「気に入った曲」の「知りたいと思った」項目を覚えていけばよく、歌えばまた思い出せるので、定着しやすいメリットがあるとのこと。その曲の歌手の歌い方をまねたり、ライブ映像で歌手の口元の動きを観察するなどして、効果的な発音練習ができるそうです。

今日、K-POPの歌詞は、ネットを通じてほとんどの曲のものを調べることができます。また日本の個人のブログでも、歌詞だけでなく、日本語訳を紹介しているところ*やYouTubeの公式サイトへのリンクを提供しているものが多く見受けられますので、ぜひこうしたサイトを探して、ご活用ください。(編集部)

*著作権のある曲の歌詞は個人といえども無許可でブログなどに掲載することはできませんが、最近ではブログサービスを提供する会社が著作権管理協会と一括契約を結び、ユーザーが個別に許可を取らなくても登録曲を掲載できるケースも多いようです。

教材・教室の相談

相談 17 | 教材がたまる一方で、消化できない！

『hana』の他にも良さそうな教材があるとすぐ買ってしまうのですが、本がたまる一方で、消化できないのが問題です。『hana』を購読しながら、他の本をどのように学習に活用すればいいでしょうか？

回答 とても学習意欲が高い方ですね。語学を勉強するに当たって、いろいろなジャンルに興味を持つというのはとても良いことだと思います。『hana』を見ても、文法や発音、会話、朗読、韓国に関する情報など、いろいろなコーナーで構成されています。これらは毎回少しずつ紹介されるので、興味を持ったジャンル、コーナーごとに他の参考書で理解を深め、足りない部分を補う形を取るのがいいと思います。例えば、『hana』の「多読ライブラリー」のコーナーで読解と聴解の勉強をしたとすれば、それに合わせて『よくわかる！韓国語表現文型』（HANA刊）のような参考書でライブラリーに出てきた文型を確認して整理する。また、『韓国語の発音変化完全マスター』（HANA刊）のような参考書を通して、単語や文節の発音の勉強を深めたりする。これは一例ですが、今持っていらっしゃる本をうまく並行して活用するのは十分可能なはずです。

なお、読み切らないうちに本がたまっていくのが、心理的な負担となっているとしたら、学習書の「積ん読」もありだとあえてアドバイスしたいと思います（家族などの理解が得られるのならですが）。特に『hana』の多様な記事は、その時必要でなくても、学習の段階によって後々役に立つものが多いからです。他の単行本に関してもしかりです。（白）

相談 18 | 紙の辞書は必須？

韓国語の勉強には紙の韓国語辞書を持っていた方がいいと、いろんな人に言われますが、紙の辞書は高いですよね。ネットの辞書では駄目ですか？　紙の辞書ならではのメリットとは何でしょうか？

回答 基本的に、辞書はご自身の使い勝手が良いものを使えばよいでしょう。いくつかのタイプの辞書を使い分けるのも一つの方法です。

紙の辞書のメリットは、書き込みをしたりアンダーラインを引いたり、付箋を付けたりして、自分だけの学習ツールにアレンジし作り変えていけることです。使えば使うほど愛着が湧き、付箋の数だけ達成感を覚えられる、といった学習意欲を高めるメリットがあります。そればかりでなく、繰り返し引く単語や表現が一目瞭然なので、自分の癖や弱点を把握して学習方法の改善につなげることもできます。紙の辞書を推薦された方は、おそらく辞書としての質ではな

く、このような学習上のメリットを念頭にアドバイスをされたのだと思います。
　ネットの辞書は、もちろん線を引いたり、直接付箋を貼ったりすることはできませんが、大変便利なものであるのは確かです。ですので、上手に活用してください。NAVER (http://www.naver.com)の辞書は日韓・韓日両方あります。また、紙の辞書にない新語や新しい表現が載っていることがあります。例えば오픈사전、지식in、오픈국어など、ユーザー参加型の辞書には、「막장 드라마(韓国式の愛憎劇)」「지름신(消費をあおる神)」「정신줄 놓다(頭がおかしくなる)」などの新しい言葉も載っています。しかし、これらの辞書は一般人も書き込めるので、どこまで信頼すべきか注意が必要です。
　日韓、韓日の両方で利用できるNAVERの辞書(日本語辞典)は、基本的には韓国の日本語学習者のための辞書ですので、日本語の音声しか付いていません。ただし、日本語辞典から국어사전に飛べば韓国語の音声をすぐ聞くことができます。なお、NAVERのネット辞書には単語の検索履歴を表示する내가 찾은 단어という機能があり、それをまとめて自分だけの「単語帳」を作成することができます(要会員登録)。
　ちなみに、上級の学習者なら韓国・国立国語院が編集した「표준국어대사전」のネット版(http://stdweb2.korean.go.kr)を利用するのもいいでしょう。「分かち書き」で悩むときはこの辞書で確認するといいですよ。辞書に載っていれば分かち書きなし、載っていなければ分かち書きするというのが基本で、載っている場合、「○-○」なら「必ず붙여쓰기」、「○^○」なら「띄어쓰기が原則で、붙여쓰기も許容」ということになります。표준국어대사전は上記のNAVERでも국어사전として提供されています。その他、国立国語院が最近公開したネット辞書については、P.022のコラムをご参照ください。(金)

相談 19 ｜ 趣味のドラマ観賞と学習をどう組み合わせる？

韓国ドラマが好きで、時代劇から恋愛物まで、気になったものはどんな作品でも見ています。昔教室で入門レベルを熱心に学んだ後は特に勉強していないのですが、ドラマの韓国語はかなり聞き取れているようにも思います。こんな私が腰を据えて勉強を再開するとしたら、どんな学習法が向いているでしょうか？

回答　韓流ドラマの熱烈なファンのようですね。私の経験から言いますと、韓流ドラマが好きな方は韓国語の上達も早い方が多いようです。発音もいいし、単語力もあるし……。そういう方には、映画で韓国語を学ぶタイプの本をおすすめします。こういうコンセプトの本は大きな書店に行くと置かれています(また、オンライン書店で「映画」「ドラマ」「韓国語」などのキーワードで検索すると探せます)。その中で一番気に入った本を選んで、本に書かれたせりふを丸暗記するぐらいの気持ちで繰り返し聞き、俳優さんのせりふに自分の声をかぶせるようにして発音練習しましょう。本1冊分を全部覚えると、ドラマを完全征服したような気になるはずです。そして応用としては、ドラマの中の登場人物のせりふを少しずつ変えることに

チャレンジしてみてください。例えば、若者同士のパンマルのやりとりを、ちゃんとした大人同士の丁寧な表現に直してみるとか。もし時間や数量について話す場面があったら、その時間や数字を他の時間や数字に変える練習もできます。こうして練習した内容を復習するのには、一般の韓国語参考書が役に立つはずです。参考書を参照しながら、知っている文法や単語を整理してください。ここまで来ればかなりコミュニケーション力も付いているはずです。（白）

相談 20 ｜ 個人レッスンがいいか、グループで勉強した方がいいか

先生から韓国語を習う際に、個人レッスンにするか、グループレッスンにするか、費用のことも考えると迷うところです。それぞれにどんなメリット・デメリットがありますか？

回答 　一般的に個人レッスンでは、学習者が学習したい内容や方法を先生に伝えることができ、先生はその要望に沿って授業を組み立てていきます。例えば、用言の活用が苦手なので克服したいと伝えれば、先生はそのニーズを意識した授業設計をしてくれると思います。また授業中、学習者は、（個人差はあると思いますが）先生の流ちょうで、正確な韓国語を多く聞くことができ、自分が話す内容について先生に細かくフィードバックしてもらえます。一方、グループレッスンでは、先生が個々の学習者のニーズに応えるには限界があります。学習者は時にはもう少しゆっくり勉強したいと思っても、クラスメートや教育機関のカリキュラムなどを気にして、言い出せないこともあるかと思います。人数が多ければ、個々の話す内容にも先生の目が行き届かないこともあるでしょう。しかし、グループレッスンにも良い点があります。学習者同士での韓国語による会話では、相手の良い点（話の展開、ジェスチャーなど）をまねたり、お互い足りない点や間違いなどを助言し合ったりすることで、韓国語が上達するとも言われています。グループレッスンでは、さまざまな背景を持った人とさまざまな話題について韓国語で会話できることも魅力です。そして何より、「学習者は自分だけではない」ということでしょう。クラスメートに学習者の立場から学習方法を教えてもらったり、一緒に目標を立てたり、励まし合いながら学習を継続している人も多いようです。これらのメリット、デメリットを考慮した上で、ご自身に合う学習方法を探していくのがいいと思います。（中川）

TOPIK公式サイトをチェックしよう！

TOPIKが運営する公式サイトからは、過去問題や聞き取り領域の音声、解答用紙、語彙リストなどのダウンロードなどが可能です。試験対策として過去問題を解くことは必須といえますし、TOPIKの日程やTOPIKに関する公式の発表はこちらを通じてなされるので、TOPIK受験者は常日頃からチェックするようにしましょう。（編集部）

TOPIK公式サイト（韓国）http://www.topik.go.kr/

検定試験の相談

相談 21 | ハン検とTOPIK、受けるならどっち?

レベルはハン検の3級を受けるくらいですが、いつか韓国語を使った仕事をしたいと考えている20代女性です。検定試験に取り組もうと考えていますが、両方受験する余裕はないので、どちらか一つに絞って受験していきたいのですが、どちらを受けるのがいいでしょうか?

回答 学習に役立てるという点では、どちらを受けても効果はあると思います。入門・初級レベルの人には日本語で出題されるハン検の方が取り掛かりやすいと思いますが、すでにハン検3級程度の実力がおありなら、TOPIK Ⅱからトライするのもよいかもしれませんね。韓国系の企業では社員を採用するときにTOPIKの結果を参考にするところもあるようです。しかし、転職する時期がまだまだ先だったり、希望する職種が通訳・翻訳などの専門的知識を必要とするようなものでしたら、TOPIKだけでは十分とはいえないでしょう。TOPIK4～5級があれば基本的な韓国語はできると判断されるようですが、TOPIK成績証明書の有効期間は2年です。また、専門的な業務になると、6級があっても韓国語を使った仕事を十分にこなせるレベルとは見なされません。通訳や翻訳の仕事をするためのエージェントに登録する際には、通訳案内士(韓国語)の資格やハン検(「ハングル」能力検定試験)1級合格者が、取りあえず仕事を依頼できる最低限のレベルだと見なされるようです。また、観光通訳の現場では、通訳案内士法の規定に基づいて通訳案内士の資格を厳格に求められるケースが増えてきました。今後、韓国語で観光案内をするような仕事を志望するのなら、取得しておく方がいいでしょう。ちなみにハン検1級かTOPIK6級に受かっていれば、通訳案内士試験の韓国語筆記試験は免除されます。ただし、資格があるからといって必ずしも仕事がもらえるわけではないので、単なる目安として考えてください。また最近、2020年の東京オリンピックでのボランティア通訳の採用レベルが発表されましたが、今のところその条件を満たすには、ハン検2級程度の韓国語能力が必要だといわれています。(阪堂)

相談 22 | これからTOPIK Ⅱを準備。どう勉強するのが効率的?

TOPIK2級に合格し、TOPIK Ⅱを受験しましたが、まったく歯が立ちませんでした。一から出直すつもりで勉強を始めようとしているのですが、今発売されている問題集は自分には難しすぎるので、まずは地力を付けたいと考えています。どういうところから手を付ければいいでしょうか?

回答 TOPIK4級以上の合格者は韓国の大学での授業を聴講できるレベルを想定してい

るので、一般の日常会話というよりは新聞や随筆などの文章の聴解・読解力、およびレポートを書くための論理的な文章構成力を求められます。TOPIK Ⅱでは3～6級受験者が同じ問題を解くことになるので、まずはきちんとした文法をマスターすることでしょう。TOPIK Ⅱの問題は「ハングル」能力検定試験でいうと3級以上に該当しますので、質問された方にとっては未知の文法が多数かもしれません。まずは、豊富な例文、解説が付いた『実用韓国語文法 初級』(コスモピア刊。中級と上級もあるが原書のみ。DARAKWON刊)などで一つひとつの文法をマスターしていきましょう。

文法が、①見て意味が分かる、②聞いて意味が分かる、③書いて使えることを目標に学習計画を立ててみます。ある程度、見て分かる文法が増えてきたら、次は過去問にチャレンジです。TOPIKの韓国側公式HPにはいくつか最近の過去問が掲載されていますし、過去問と同じようなスタイルで問題集になった「TOPIK完全対策シリーズ」(HANA刊)もおすすめです。次は単語ですね。韓国側のHPには語彙の出題範囲も公表されていますが、膨大な数(TOPIK Ⅰ 1874語、TOPIK Ⅱ約873語)で日本語の対訳がないので、市販のTOPIK頻出単語集などを利用した方が効率的でしょう。単語集の中には、MP3などの音源付きで耳から覚えるものもあるので、こうした本を利用すればリスニングの勉強にもなります。しかし、TOPIKはなんといっても問題数が多いです。文法、語彙を覚えるだけでなく、それを使った、「読む」「聞く」「書く」練習が必要です。出題されるテーマとしては、時事ネタや社会問題、科学の新発見、韓国での流行などが多いので、新聞や雑誌などの記事を小まめにチェックしておくと有利です。例えば、新聞のウェブサイトなどから、面白そうな記事を1日一つ読んだり聞いたりすることを日課にするといいですね。負担の少ない1行見出し(リード)を読んでいくだけでも勉強になります(分からない単語があったら調べましょう)。ドラマを見ながらせりふを書き取って、台本をウェブで調べて確認するのも、聞き取りの練習になります。試験当日は長丁場なので、とにかく毎日、なるべく長く、できれば試験時間と同じくらいハングルに触れる機会を作ることが必要です。ただし、作文については原稿用紙の使い方や分かち書きの正しい書き方、スペルミスのないきれいな答案が求められるので、別途の対策が必要です。(阪堂)

留学の相談

相談 23 ｜ 留学の費用対効果

30代の会社員で、今の状況ではなかなか上達しないので、留学したいという思いが募ってきました。ただし留学するには、今の会社を辞めるしかないので悩んでいます。こういう相談をする私に対して、率直なアドバイスをいただきたいです。

回答　私は27歳（妻帯）の時、職場を辞め韓国に留学しました。もう15年くらい前のことですので、当時は私のようなケースは多くありませんでしたが、今は会社を辞めて留学する人も多いようです。韓国にある大学付属の語学堂は、費用を納めるなどの事務的な手続きさえ踏めば、誰でも入学できますし、順調に学習を進めていけば最上級クラスを修了できるでしょう。ただ、会社を辞めて留学するからには、「なぜ留学するのか」を熟考されるとよいかと思います。韓国語使用環境である韓国では、当然、韓国語は上達し、さまざまな人に出会い、さまざまな経験もできると思います。そのような留学経験が目的で会社を辞めるのか、あるいは留学経験を次の職業に生かしていくことを目指すのかによって、韓国での過ごし方は大きく変わってくるのではないでしょうか。私事で恐縮ですが、私の留学目的は、韓国の大学院で学ぶことであり、そのために韓国で働き、妻と住む場所を見つけなければなりませんでした。従って、留学して1年間は、大学院進学の準備をしながら、職場と住居を見つけることを目標にしました。目標の価値は人によって異なるので何が良い、悪いとは言えませんが、会社を辞めるというのは、大きな決断かと思います。この「なぜ留学するのか」に対する答えが、ご本人の後悔しない選択につながると思います。（中川）

相談 24 ｜ 留学せずに実力を伸ばすには

韓国語の上達に留学は必須ではなく、日本にいても十分実力を伸ばす方法があるいうことをおっしゃる先生がいます。でも、周り全てが実践の場である留学に比べると、日本では話す機会、聞く機会が決定的に少ないですよね。どのような方法でそのハンデをカバーすればよいでしょうか？

回答　ご多分に漏れず、私も留学を画策しつつ、断念した経験があります。落胆の末に行き着いたのは、「日本にいてできる限界に挑戦する」という決意でした。練習法の中心は、おなじみシャドーイング（「相談10」参照）ですが、ここでは特に忙しい日常の中でも長続きするようにと考えた、「隙間時間」の有効活用法をご紹介します。通勤電車の中で音源を聞くのは外国語学習者の基本ですが、さすがに声を出すことははばかられるので、シャドーイングには不向きですね。そこで、私は家から最寄り駅まで歩く時間を活用することにしました。思わ

ず声が大きくなり、すれ違う人にけげんな顔をされると、今度は人通りの少ない裏道を選んで行くようにしました。また、掃除や食器洗いなどのような単調で孤独なルーティン作業も、逆にシャドーイングにはもってこいの至福の時間に早変わりです。特に、掃除機をかけるときには、その音に負けないだけの大きな声を出せるチャンスでもあります。要はやる気次第、工夫次第。さて、工夫といえば、声は出せない電車の中の有効活用法。夜、ドア横に立つと顔が映りますね。ここでは、すかさず口の形チェックです。特に⊥・Tでは唇を丸める、ー・｜では唇を横に引くなど、徹底して口の筋トレをしました。思わず声が出てしまい、周囲の視線を集めてばつの悪い思いをしたこともありましたが、留学できなかった悔しさに比べたら何ということはありません。皆さん、「隙間時間」を使い倒して、韓国語をモノにしましょう！（山下）

相談 25 ｜ 大学正規課程で学ぶのに必要な韓国語力は？

韓国の多くの大学でTOPIK4級が入学条件となっているようですが、逆に4級くらいのレベルがあれば、何とか授業についていけるでしょうか？

回答 TOPIKの認定基準にも書かれていますが、4級を取得した学習者は、「社会生活に必要なこと」ができるレベルです。大学に入学して使う韓国語というのは、①学業に求められる韓国語と②大学内で先生や職員、友達、先輩、後輩とのやりとりで求められる韓国語、そして③学外の日常生活で求められる韓国語があります。①②③のうち、②と③は「社会生活に必要なこと」ですので、4級レベルであれば、（周りの人の力を借りながら）何とか対応できるでしょう。しかし、①は専門的な韓国語能力（専門知識とそのやりとりに使われる韓国語、韓国語によるプレゼンテーションスキルなど）が求められるため4級レベルではなかなか対応できません。従って、多くの留学生は、専門的な韓国語能力が求められるTOPIK5級や6級を取得してから大学に入学します。

5級や6級を取得すれば、入学当初から大学の授業についていけるかというとそういうわけでもありません。ただ、その壁は皆が経験するものであり、本人の努力と周りの人の支えで克服していけるものです。（中川）

相談 26 ｜ 留学後の実力維持について

韓国で2学期語学留学し、5級まで進んで帰国しました。日本に戻ると、話す機会が決定的に足りないので、せっかく伸ばした実力がどんどん落ちているようで怖いです。留学して戻ってきた人たちはどのような方法で実力維持に努めているでしょうか？

回答 私の場合は、韓国留学は珍しい時代だったので、帰ってきた後、NHKワールドで放送しているハングルニュース（http://www3.nhk.or.jp/nhkworld/ko/）を聞きながらシャドーイングを行い、分からないところはスクリプトを見て確認する作業を行っていました。しかし、

最近は留学経験者が増えて、日本に戻ってきた後も韓国語を続けたいという方がたくさんいらっしゃるようです。そこで、一部の市民講座では、留学経験者など上級学習者向けの読解や作文講座が開講されていますので、こうしたクラスをのぞいてみるのはいかがでしょうか。また、上級クラスから派生して、学習者グループを作って1冊の書籍を翻訳し、出版するケースもあります（『KBSの韓国語 対訳正しい言葉、美しい言葉』架け橋人の会訳、HANA刊、『東京散策』コリブンクンサンゼミ訳、한울刊、『長崎パパ』尹英淑／YY翻訳会訳、クオン刊）。

あるいはどうせ極めるのなら、一歩進んで韓国語講師のための講座に通ってはいかがでしょうか。教える側に立って学習を進めると、学習に対するモチベーションがアップし、見違えるほど実力も付きます。実際に、自治体で主催し公民館などで行う講座やカフェレッスンの講師の中には、留学経験のある日本語母語話者の方も多いですから、遠慮しないでぜひ教えることにもトライしてみてください。未経験もしくは経験の浅い韓国語講師のための講習会や勉強会も各地で開催されています（世宗語学堂やハンガンネットなど）。

最後に、留学後に語学を生かす職業に就くためには、やはり資格を取得するのが効果的。特に通訳案内士試験は韓国語の能力を試す唯一の国家試験で、通訳翻訳業のエージェントに登録するためにはこの資格があるかどうかが、一つのバロメーターになっているようです。（阪堂）

新たな韓国語辞典がインターネット上で公開！

2016年10月5日、韓国・国立国語院が新たな韓国語辞典をインターネット上で公開しました。우리말샘（ウリマルの泉）、한국어기초사전（韓国語基礎辞典）、한국어-외국어 사전（韓国語―外国語辞典）の3種類です。このうち우리말샘は、標準国語大辞典に収録されている約50万語に加え、新たに生まれた日常語や専門用語など合わせて約100万語を掲載した韓国語辞典です。さらに、会員登録したユーザーが編集に参加することができる「開放型ウェブ辞典」でもあります。一般ユーザーが投稿した内容は、表記や内容について専門家が検討を行いますが、再びユーザーが編集することもできます。常に内容が更新されていくので、流行語の意味なども調べやすくなるでしょう。自分が発見した新しい用法を投稿してみるのもいいかもしれません。次に한국어기초사전は、韓国語学習の基本となる語彙を約5万語選定し、平易な文章で説明した学習用辞典です。この한국어기초사전の解説を他の言語に翻訳したものが한국어-외국어 사전で、英語や日本語の他、スペイン語、フランス語、ベトナム語、インドネシア語など、韓国語学習者の増加が期待される地域で使用される10言語に翻訳されています。言語の表示方式は「韓国語＋日本語」「韓国語のみ」「日本語のみ」から選択することができるので、普段は日本語を隠しておき、分からないときだけ表示するという使い方もできます。（編集部）

우리말샘 http://opendict.korean.go.kr/
韓国語―日本語学習辞典 http://krdict.korean.go.kr/jpn/

『hana』Vol. 01〜08に掲載されていた
前田真彦先生の人気連載が単行本になりました!

韓国語の発音変化完全マスター

前田真彦 [著]

ISBN978-4-8443-7736-8　定価:2,000円+税
A5判／2色刷り／136ページ　CD1枚付き

**韓国語学習者がレベル問わずつまずく
「発音変化」に特化した初の韓国語教材**

この1冊で、苦手な韓国語の音変化を完全にマスターできます!

---

①有声音化　②連音化　③鼻音化
④流音化　⑤ㄴ挿入　⑥激音化
⑦濃音化　⑧口蓋音化　⑨ㅎの発音変化

これらの「発音変化」を<u>種類別に懇切丁寧に解説</u>します。

しかも
- 発音上達のためのヒントが散りばめられたコラムが満載。
- 豊富な発音変化の例とその音声も付け、耳からも学べる。
- 豊富な練習問題で、理解度を確かめながら学習を進められる。
- 巻末には総復習のための練習問題が100問も。

　　　　　　　　　　　　など、盛りだくさんの内容です。

Culture 문화

- 030 WHAT'S HOT
- 032 CINEMA
- 034 TV
- 036 MUSIC
- 038 BOOKS
- 039 STATIONERY
- 040 GOURMET

WHAT'S HOT

今、韓国の人々が夢中になっているモノ＆コトをお届けします。

›› CAFE&GALLERY

대림창고갤러리 컬럼
大林倉庫ギャラリー コラム

**注目の町・聖水洞にできた
アートであふれる、おしゃれな空間**

›› SHOP

카카오프렌즈 강남플래그십스토어
カカオフレンズ 江南フラッグシップストア

**カカオフレンズに会える！
巨大フラッグショップでお買い物**

　靴の工場が多いことで知られ、以前は若者が少なかった**성수동**（聖水洞）。けれど、ここ数年は地元を元気にしたいという若者たちにけん引され、カフェやギャラリーなど、さまざまな施設がオープンするようになった。中でもSNSで話題を集めているのが、**성수동**に古くからある「**대림창고**」を改装したカフェ＆ギャラリーだ。倉庫ならではの武骨な空間にさまざまな作品が飾られたその姿は、とても芸術的。デザイン関連の書籍や雑貨を販売するコーナーもあり、いつも多くの人でにぎわう。ちなみに、週末は1万ウォンの入場料（ワンドリンク付き）を払わなくてはならないので、平日がおすすめ。

서울특별시 성동구 성수이로 78길
+82-2-499-9669
営業時間：11:00～23:00
定休日：秋夕、旧正月
地下鉄2号線성수駅　3番出口徒歩約4分
https://www.facebook.com/column2016/

　韓国人の9割は登録していると言われるコミュニケーションアプリ「**카카오톡**（カカオトーク）」が展開する大型ショップが7月、江南駅の近くにオープン。初日は1000人訪れるなど、ニュースにもなった同店は、**카카오톡**に登場するキャラクターの全商品を扱うフラッグショップだ。店内にはカカオフレンズのキャラクターと写真が撮れるフォトスポットがたくさんあるので、**카톡**（**카카오톡**の略称）好きにはたまらない！3階には新しく仲間入りしたRYANのカフェもある。コスメやインテリアグッズをはじめ、ボーダーのカットソーから赤ちゃんの前掛けまで、さまざまなアイテムがあるので、お土産探しに訪れても。

서울특별시 서초구 서초동 1305-7 동일빌딩 1~3층
+82-2-6424-1100
営業時間：10:30～22:00
定休日：無休
地下鉄2号線、新盆唐線강남駅　10番出口徒歩約4分
https://store.kakaofriends.com

※本コーナーの情報は、2016年10月1日現在のものです。お出掛けに当たっては、必ず事前にご確認ください。
　2014年1月1日から「道路名住所法」が全面的に施行されましたが、所在地は店側の提供情報に従って掲載しました。

›› SPOT

소양강 스카이워크
昭陽江スカイウオーク

まるで空中散歩！ 春川にできた
韓国最長のガラス張りの橋へ

　ソウル市内から1時間半ほど。江原道春川市の의암호（衣岩湖）に設置された韓国最長となる156メートルのガラス張りの展望施設「소양강 스카이워크」。橋の上を歩くと足元が透けて見え、まるで水の上を歩いているような感覚に。その他、橋の上から見る春川市の風景もすてき。緑あふれる山々のすぐ横に高層マンションが軒を連ねる姿は、韓国ならではだ。そして夜には橋全体がライトアップされ、また違った雰囲気に。橋の上を歩く際はガラスを傷つけないよう、用意されている布製の履物（カバー）を靴の上から履くというのも、なんとも愉快。

강원도 춘천시 근화동8
+82-33-240-1695
10:00〜18:00（7・8月は〜20:30、12〜2月は〜17:00）
※悪天候時や施設の改善補修時には開放を制限
料金：大人2000ウォン
京春線春川駅　2番出口から徒歩約15分

›› CRUISE

한강 아라호 유람선
漢江 アラ号 遊覧船

ソウル市を流れる大河・漢江で
音楽を聴きながらクルージング♪

　今まで運行していた漢江の遊覧船とはまた別に、新たな遊覧船「아라호」が7月から運航開始。プランは「一般遊覧船」「公演遊覧船」「食事＋公演遊覧船」の3種類だ。여의도（汝矣島）の船着き場から始まり、양화대교（楊花大橋）の手前でUターンをして帰ってくる、全40分の「一般遊覧船」コースは毎日定期的に出航している。他にも、K-POPや韓国の国楽などを船上で楽しみながら선유도（仙遊島）までを往復する60分の「公演遊覧船」コースや、반포대교までを往復する「食事＋公演遊覧船」コースがある。せっかくなら、これらの公演付き遊覧船を利用してみるのがいいだろう。

서울특별시 영등포구 여의도동 85-1（아라호 선착장）
+82-2-337-8080
運行時間、料金はホームページ参照のこと。
地下鉄5号線여의나루駅　2番出口から徒歩約5分
http://letsgokorea.kr/

（文・写真／鈴木ちひろ）

CINEMA

韓国の最新映画情報をお届けします。

秋夕の連休が終わり、少し落ち着いた印象を受ける9月第4週のランキング。韓国映画は3本と少ないが、実力ある監督の新作が顔を見せている。

9月7日の公開から11日で早くも観客動員数500万人を突破したのは、2010年の『악마를 보았다(悪魔を見た)』以来、久しぶりに韓国で長編を発表した김지운(キム・ジウン)監督の『밀정』。日本統治時代を舞台に、抗日組織である義烈団のメンバー、김우진(キム・ウジン)への接近を命じられた警察官이정출(イ・ジョンチュル)が、逆に彼らの計画への協力を持ち掛けられる。김지운監督作品には4本目の出演となる송강호(ソン・ガンホ)と『부산행(釜山行き)』のヒットで勢いに乗る공유(コン・ユ)が共演。

5位の『고산자, 대동여지도』は、1980年代の後半から活躍してきたベテラン監督강우석(カン・ウソク)の新作。19世紀中盤に朝鮮半島全域の詳細な地図を作った実在の人物김정호(キム・ジョンホ、고산자は彼の号)が韓国各地を旅しながら地図を完成させる過程を追っていく。「김정호の肖像画とうり二つだった」という차승원(チャ・スンウォン)が主演を務めている。

10位の『대결』は、ネット上で知り合った相手と実際に会って対決する「현피(ヒョンピ=現実+Player Killの略語)」を題材とした作品。兄に重傷を負わせた현피中毒の会社社長に復讐するため、名人の元で"酔拳"の修行をする青年の奮闘が描かれる。

映画興行収入ランキング
2016年9月23日〜25日

1 밀정
   密偵

2 벤허
   ベン・ハー

3 매그니피센트7
   マグニフィセント・セブン

4 아이 엠 어 히어로
   アイアムアヒーロー

5 고산자, 대동여지도
   古山子　大東輿地図

6 설리: 허드슨강의 기적
   ハドソン川の奇跡

7 브리짓 존스의 베이비
   ブリジット・ジョーンズの日記
   ダメな私の最後のモテ期

8 거울나라의 엘리스
   アリス・イン・ワンダーランド／時間の旅

9 드림 쏭
   Rock Dog

10 대결
   対決

※ KOFIC（韓国映画振興委員会）調べ

CINEMA —— 033

RECOMMENDED!

검사외전
（華麗なるリベンジ）

【公開】（韓国）2016年2月3日／（日本）2016年11月12日
【監督】이일형（イ・イルヒョン）
【出演】황정민（ファン・ジョンミン）、강동원（カン・ドンウォン）、이성민（イ・ソンミン）、박성웅（パク・ソンウン）

　たたき上げの刑事が財閥の御曹司と対峙（たいじ）する『베테랑（ベテラン）』、はみだし者たちが政界、財界、マスコミの癒着を暴く『내부자들（インサイダーズ／内部者たち）』に続き、権力者たちに挑む主人公が活躍する本作。韓国では970万人以上の観客を集める大ヒットとなった。
　"悪いやつら"を追いつめるためには暴力的な取り調べも辞さない熱血検事변재욱（ピョン・ジェウク）。リゾート施設の建設に反対する環境保護団体と警察との衝突現場で警官が重体となった事件を担当することになった彼は、開発を進める会社の社長が仕組んだ自作自演の暴力事件と見抜き、容疑者を責め立てる。一方、彼の先走った行動を快く思わない上司우종길（ウ・ジョンギル）は、エリート検事양민우（ヤン・ミヌ）と担当を代わるようにと促すが변재욱は拒否。しかし、取調室から離れている間に容疑者が謎の死を遂げ、변재욱は殺人の罪で刑務所に入れられてしまう。5年後、法律の知識を駆使して囚人や刑務官から一目置かれる存在になっていた변재욱は、新たに入所してきた詐欺師한치원（ハン・チウォン）が口にした一言から、彼が5年前の事件について知っている人物だと確信する。
　윤종빈（ユン・ジョンビン）監督の『군도：민란의 시대（群盗）』などの助監督を経て、本作が長編デビューとなった이일형監督が自ら脚本も執筆。「実際には会いそうもない、正反対の二人が相棒となったら？」というアイデアから出発し、エネルギッシュな"検事"とクールな"詐欺師"というユニークなコンビが誕生した。見どころはなんといっても、まったくタイプの違う人気俳優の初共演。『신세계（新しき世界）』で이정재（イ・ジョンジェ）、『국제시장（国際市場で逢いましょう）』『베태랑』で오달수（オ・ダルス）と絶妙なやりとりを見せてきた황정민は、新たなパートナーである강동원扮（ふん）する한치원を獄中から"遠隔操作"しながら、自らをわなにはめた人物に迫っていく。一方、『군도：민란의 시대』や『두근두근 내 인생（世界で一番いとしい君へ）』など、出演作ごとにまったく違う顔を見せる강동원は、どんな相手でもだますことができると自負するスゴ腕の詐欺師한치원をコミカルかつ軽快に演じている。
（文／佐藤結）

TV 📺

韓国の最新テレビ番組情報をお届けします。

　ランキング首位に輝いた「월계수 양복점 신사들」は、老舗テーラーを舞台とした男性4人の奮闘記。이동건 (イ・ドンゴン) と차인표 (チャ・インピョ)、최원영 (チェ・ウォニョン)、현우 (ヒョヌ) が主演し、조윤희 (チョ・ユニ) がヒロインを務めている。8月末の放送開始から瞬く間に人気を集め、第6話で早くも30％台の視聴率を記録した。

　4位の「구르미 그린 달빛」は同名のネット小説を原作としたフュージョン時代劇。「응답하라1988 (応答せよ1988)」の박보검 (パク・ポゴム) が이산 (イ・サン) の孫にあたる朝鮮王朝の皇太子役で主演に抜てきされ、子役出身の김유정 (キム・ユジョン) が男装したヒロインを好演。B1A4の진영 (ジニョン) が時代劇に初挑戦したことも話題に。

　7位の「1박2일」では가을맞이 농활 체험 (秋到来　農業活動体験) の第1弾が放送され、出演者たちが충청남도 서산 (忠清南道瑞山) を訪れた。

　10位の「질투의 화신」は「오 나의 귀신님 (ああ、私の幽霊さま)」で大ブレイクした조정석 (チョ・ジョンソク) と「프로듀사 (プロデューサー)」の공효진 (コン・ヒョジン)、「응답하라1988」の고경표 (コ・ギョンピョ) が三角関係を繰り広げるラブコメディー。初回は7.3％だった視聴率が2倍近く上昇し、水木ドラマのトップに躍り出た。タイトル内の화신は、思いもよらない片思いをすることになって嫉妬心に苦しむ報道記者に扮した조정석の役名でもある。

テレビ視聴率ランキング

2016年9月19日～25日（週間平均視聴率）

1　월계수 양복점 신사들
月桂樹洋服店の紳士たち
26.8%（KBS2／週末ドラマ）

2　별난 가족
変わった家族
22.4%（KBS1／毎日ドラマ）

3　옥중화
獄中花
20.7%（MBC／週末ドラマ）

4　구르미 그린 달빛
雲が描いた月明かり
20.5%（KBS2／月火ドラマ）

5　여자의 비밀
女の秘密
19.2%（KBS2／毎日ドラマ）

6　KBS 뉴스 9
KBSニュース9
17.1%（KBS1／ニュース）

7　해피선데이 2부 (1박2일)
ハッピーサンデー2部（1泊2日）
16.3%（KBS2／バラエティー）

8　정글의 법칙 in 몽골
ジャングルの法則 in モンゴル
14.0%（SBS／バラエティー）

9　무한도전
無限に挑戦
13.8%（MBC／バラエティー）

10　질투의 화신
嫉妬の化身
12.7%（SBS／水木ドラマ）

※ニールセン・コリア調べ

RECOMMENDED!

노래싸움-승부
（歌の戦い-勝負）

【放送】(韓国) KBS2 毎週金曜日20:50～放送中
【MC】남궁민 (ナムグン・ミン)
【音楽監督】윤종신 (ユン・ジョンシン)、윤도현 (ユン・ドヒョン)、정재형 (チョン・ジェヒョン)、김형석 (キム・ヒョンソク)、이상민 (イ・サンミン)

秋夕や旧正月はバラエティー番組のパイロット版が多く放送される時期だ。2013年の秋夕特番だった「슈퍼맨이 돌아왔다（スーパーマンが帰ってきた）」、昨年の旧正月に放送された「복면가왕（覆面歌王）」のように、多くの反響が寄せられた番組は新番組としてレギュラー化される。

今回ご紹介する「노래싸움-승부」は今年の秋夕特番（※）の中で最も高い視聴率10.6％を獲得し、レギュラー化が確定した番組。歌をスポーツに見立てて、15人の有名人が勝負する音楽バラエティーだ。ベテラン名脇役の선우재덕（ソヌ・ジェドク）、「다 잘될 거야（きっと☆うまくいくよ！）」の최윤영（チェ・ユニョン）、BIGBANG・SOLの兄、동현배（トン・ヒョンベ）などの俳優陣をはじめ、コメディアンの김희원（キム・フィウォン）、KBSアナウンサーの한상헌（ハン・サンホン）など、歌番組には珍しい顔触れが選手として参加。選手は「歌手ではない」ことが原則だが、ソロ歌手として活動しているgodの손호영（ソン・ホヨン）も김수용（キム・スヨン）と共にミュージカル俳優枠で出演した。

15人の出演者は3人1組に分かれてロッカールームに待機。各チームに윤종신、윤도현ら5人の歌手がそれぞれ配属され、音楽監督として選手たちを指導する。

選手は1人ずつステージに上がって他チームの対戦相手と向かい合い、同じ1曲を交代で歌って勝敗を競う。採点は13人の審査員によって歌唱中に行われ、敗者は曲が終わると同時に舞台の床に開いた穴から落下する。勝者は次の対戦相手を指名でき、曲は敗者を出したチームが選択。さらに「ヒドゥンカード」で歌唱力のあるピンチヒッターを呼ぶことができるなど、ユニークなルールで視聴者を楽しませた。MCに初挑戦した남궁민もスムーズな番組進行で俳優業とは違った一面を披露。レギュラー放送でも引き続きMCを務める予定だ。

「노래싸움-승부」に次いで視聴率が高かった特番は、「아이돌스타 육상 리듬체조 풋살 양궁 선수권대회（アイドルスター陸上・リズム体操・フットサル・アーチェリー選手権大会）」(8.9％)。続いて、アイドルが料理の腕を競う「아이돌 요리왕（アイドル料理王）」、芸能人がSNSで視聴者と交流する「톡쏘는 사이（トークする仲）」が7.2％で3位タイ。レギュラー化が決定したマジックショー「TRICK&TRUE 사라진 스푼（消えたスプーン）」、女優이영애（イ・ヨンエ）が出演した「노래부르는 스타-부르스타（歌を歌うスター）」は共に6.9％を記録し、5位タイにつけた。

（文／藤田麗子）

※レギュラー番組の秋夕特集は除く（2016年9月14日〜16日）。

MUSIC

韓国の最新音楽情報をお届けします。

K-POPランキング
2016年9月5日～11日

1 **내가 저지른 사랑**
僕が犯した愛
임창정（イム・チャンジョン）

2 **러시안 룰렛**
ロシアン・ルーレット
Red Velvet

3 **이 소설의 끝을 다시 써보려 해**
この小説の結末を書き直してみようと思う
한동근（ハン・ドングン）

4 **휘파람**
口笛
BLACK PINK

5 **목요일 밤**
木曜日の夜
어반자카파（アーバン・ザカパ）
Feat. 빈지노（ビン・ジノ）

6 **CHEER UP**
TWICE

7 **너 그리고 나**
君そして私
여자친구（ヨジャチング）

8 **If You**
에일리（エイリー）

9 **그대라는 사치**
君というぜいたく
한동근

10 **Lotto**
EXO

※KBS K-차트調べ

「다음에는 더 달콤한 키스 나눠요（次はもっと甘いキスを分け合いましょう）」の別れのあいさつでおなじみのラジオ番組「슈퍼주니어의 Kiss The Radio（スーパージュニアのKiss The Radio、通称슈키라）」が、10年という長い歴史に幕を下ろした。슈키라は海外にも多くのファンを持つSUPER JUNIORのラジオ番組で、日本をはじめ海外の番組ファンも多かった。韓国語学習の一助ともなっていただけに、終了は残念といった声が多く上がったけれど、毎日放送する2時間ものラジオ番組を10年続けてくれた彼らには大いに感謝したい。そして、次のMCに決定したFTISLANDの홍기（ホンギ）がどんな番組を作り上げてくれるのかも楽しみだ。

さて、今回のランキングでは初お目見えのBLACK PINKが4位にランクイン。BIGBANGや2NE1を輩出したYGエンターテインメントから7年ぶりにデビューする女性グループということでもともと期待値は高かったが、それをさらに上回る完成度を見せてきた。「휘파람」は心に響くスローラップで引き付けつつ爆発力あるサビに移るところは、さすがYGの遺伝子を感じさせる。「나지막이 불러줘（低めの声で呼んで）내 귓가에 도는 휘파람처럼（私の耳元で回る口笛のように）」という歌詞と、サビの휘파람のリフレインが印象的だ。

2位はRed Velvetの新曲。これまでオリエンタル調など独特の曲調が多かった彼女たちだが、今回の「러시안 룰렛」はド直球の爽やかソング。とはいえ、拳銃に1発だ

け弾を込めて引き金を引くロシアン・ルーレットを恋愛になぞらえ、のらりくらりと恋の結論を避ける彼に引導を渡す、その最後の瞬間を待ち構えるしたたかな少女を描いているところは、やはり独特。

1位は、秋になると聴きたくなる**임창정**のバラード「**내가 저지른 사랑**」。저지르다とは「罪を犯す、(悪いことを)しでかす」といった意味だが、「**안 된다고 사랑하면 안 된다고**（駄目だと 愛してはいけないと）**하지만 우린 함께했지**（だけど僕たちは一緒にいたよね）」という歌詞から察するに、愛してはいけない人との別れの曲。別れの切なさが、**임창정**の歌唱力も相まってドラマチックに描かれている。

そして今回のランキングで最も目を引くのは、何と言っても**한동근**だろう。3位の「**이 소설의 끝을 다시 써보려 해**」は彼女と別れを全て巻き戻してもう一度やり直したいという願いを歌った曲。普遍的な失恋ソングだが、時間が巻き戻っていく様子が見事に表現され、まるで一編の映画のようだ。逆に9位の「**그대라는 사치**」は、彼女さえいれば何もいらないという甘々なラブソング。**사치**とは漢字で書くと「奢侈」で、分不相応なぜいたくなどを表す言葉だが、それほど自分にとっては彼女が素晴らしいということを表している。いずれもヒットメーカー**Xepy**（ジェピ）が作詞し、作曲も共同で担当しているが、実は前者は2014年に発表された曲。なぜ今になってこの曲がヒットしているのか、まずは彼のヒストリーをひも解いてみたい。

한동근は2012年に放送されたオーディション番組「**위대한 탄생**（偉大な誕生）」のシーズン3優勝者。その後「**이 소설의 끝을 다시 써보려 해**」でデビューし、計3枚のアルバムをリリースするが鳴かず飛ばずだった。転機は今年4月に放送された「**복면가왕**（覆面歌王）」への出演。途中で敗れはしたものの改めて彼の名が知られることに。続いて出演した「**듀엣 가요제**（デュエット歌謡祭）」では**최효인**（チェ・ヒョイン）との舞台が絶賛され、一躍、時の人となった。「**복면가왕**」では、なぜ今までテレビに出なかったのかと問われて冗談交じりに「太ったから」と答えていたが、ランキングの2曲を聴き比べると声の質が格段に変わっている。元々温かい声だったが、さらに強く心に響いてくるのは、2年の努力の成果だろう。韓国ではこういった音楽番組から過去の曲や歌手が再発見されることがよくあり"**역주행**（逆走行）"と呼ばれているが、彼は今年一番の**역주행**と賞賛されている。

（文／尹秀姫）

左上／임창정「내가 저지른 사랑」、右上／Red Velvet「러시안 룰렛」、左下／BLACK PINK「휘파람」、右下／한동근「그대라는 사치」

BOOKS 📖

韓国の出版・読書の情報をお届けします。

韓国語で書くことに挑戦したい方へ

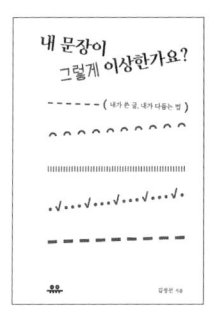

韓国語で会話がある程度できるようになったら、次は韓国語で書いてみたくなりませんか？ 今回はそんな希望をお持ちの方におすすめの本を紹介します。

実は今、韓国で「書くこと」についての本が数多く出版されています。韓国語で「글쓰기 (書くこと)」が書名に付く書籍は、いわゆるライティングスキルを養う本です。

それらの書籍には『중학생의 글쓰기를 부탁해 (中学生のライティングをお願い)』、『보통 사람의 글쓰기 (普通の人のライティング)』、『작가의 글쓰기 (作家のライティング)』、『대통령의 글쓰기 (大統領のライティング)』までベストセラーになっています。さらに『글쓰기 특강 (ライティングの特講)』、『글쓰기의 전략 (ライティングの戦略)』、『글쓰기 연금술 (ライティングの錬金術)』などタイトルを読むだけでもうまく書けそうな本がずらり。確かに韓国では、朝鮮王朝時代から聞くこと話すことよりも、読み書きが大切とされてきたように思います。書くこととはつまり、自分が考えていることをしっかりまとめることですよね。自分の考えを文章にして相手に伝える、その相手は500年後の人だったり国や民族を超えたりするわけです。

ではどう書けばいいのか。まず『보통 사람의 글쓰기』からそのノウハウを一部ご紹介しましょう。

구체적으로 적고 감각적으로 표현하라 (具体的に書いて感覚的に表現しろ)、**정확해야 아름답다** (正確に書いた文章が美しい)、**중복을 피하라** (重複を避けろ)、**쉽게 쓰자** (易しく書こう)、**문장부호를 적절하게 쓰자** (符号を適切に使おう) などなど。中でも一番のお気に入りは、**어떤 맛인가를 구체적으로 표현하기** (どんな味かを具体的に表現する) という部分。「おいしい」と書くのではなく「どうおいしいのか」を書く、これは会話でも生かせますね。

次の本は、『내 문장이 그렇게 이상한가요? (私の文章がそんなにおかしいですか?)』です。書いた文章を推敲する方法が詳しく載っている本です。

書くことは特別な能力ではありません、まず一行でもいいので書いてみることから！ 最後に私からも一言アドバイス。上手に書くこつは簡潔に書くことですよ。

（文・写真／金承福）

韓国ブックカフェ「CHEKCCORI（チェッコリ）」　東京都千代田区神田神保町1-7-3　三光堂ビル3階／地下鉄神保町駅A5・A7出口徒歩1分／営業時間：12:00～20:00／定休日：日、月曜日

STATIONERY 문구

韓国語学習に役立つおすすめ文具を紹介します。

『PLAY COLOR2（トンボ）』
『鉛筆シャープ 芯径1.3㎜（コクヨ）』

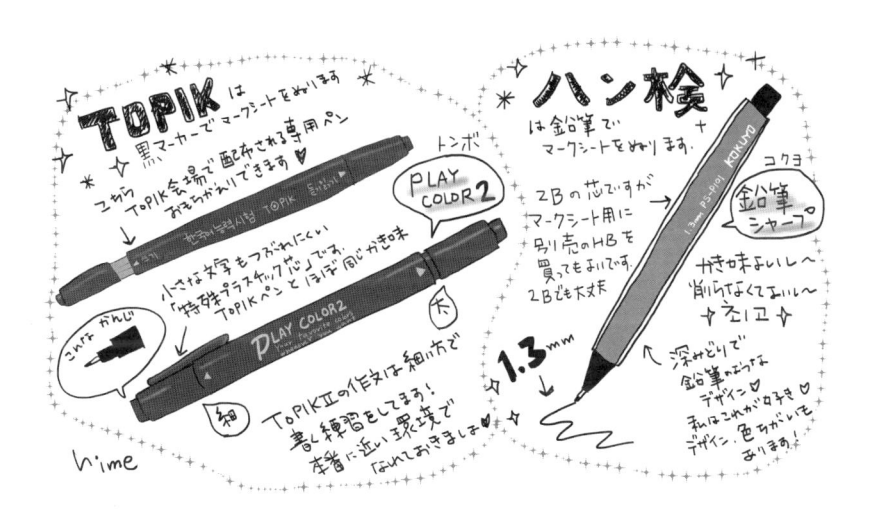

　試験勉強を頑張れるように、ペンにもこだわりたいので、私はTOPIKとハングル検定の試験勉強で、使うペンを変えています。

　TOPIKは受験時に専用のペンが会場で配布され、使ったペンは持ち帰りできます。なので、次回のTOPIKに向けて、このペンを使って本番と同じ環境で勉強するようにしています。では、初めてTOPIKを受ける人におすすめできるTOPIK専用ペンに近い物はないかなと、文具店に行きました。どれも同じ様に見えるのですが書き比べてみると、微妙に太さや色が違っていて、この中でTOPIK専用ペンに非常に近かったのが「PLAY COLOR2」でした。まだ受けたことがない方は、このペンでTOPIKの本番を体験してみてください。特に作文は日頃から専用ペンで練習することをおすすめしますよ！

　また、「ハングル」検定は、試験の際、自分で鉛筆かシャーペンを用意します。マークシート専用のペンを探してみたところ、予想以上に種類がいろいろ♪　マークシート専用鉛筆とシャーペンを各2種類買って比較してみました。やはり鉛筆が塗りやすいのだろうという私の予想に反して、圧倒的に塗りやすかったのが「鉛筆シャープ 芯径1.3㎜」。太い線で一気に塗りつぶせる感じが爽快！ しかも値段が180円と格安なのもいいですね。とにかく試験は時間との戦い。塗りやすさで時間を稼ぐ作戦で1点でも多くゲットしましょう！

（文・イラスト／hime）

GOURMET

韓国の旬の食情報をお届けします。

「미쉐린 가이드（ミシュランガイド）」

韓国料理業界がそわそわしている。原因を作っているのは一冊の本だ。

2016年3月、韓国にとって念願であった미쉐린 가이드 서울（ミシュランガイド・ソウル）の制作が正式に発表された。世界的に有名なグルメガイドがいよいよソウルを取り上げるとあって業界は騒然である。これまでにも観光を主とする그린 가이드（グリーンガイド）は出版されていたが、やっぱり미쉐린といえばグルメを主とした레드 가이드（レッドガイド）。ここに掲載されれば世界的な名誉となる。

そんな미쉐린 가이드が韓国で切望されるようになったのは、2007年11月に東京版がアジアで初めて発売されたときからだ。当時、日本でも大いに盛り上がったが、同時に韓国の報道などでも大きく取り上げられた。

「東京が紹介されるのならソウルだって」

そんな気持ちもあっただろうが、韓国料理が国際化を目指す気運ともちょうどマッチした。翌12月の選挙に勝利した李明博大統領は、当時、目玉政策の一つとして한식 세계화（韓食の世界化）を掲げ、「2017年をめどに韓国料理を世界5大料理に育成する」と宣言した。

世界に愛される韓国料理とは何か。そんな問いに対し、官民一体となって取り組んだ結果、この時期から伝統的な食文化の見直しと再評価が大いに進んだ。

象徴的な例の一つが、2009年からの막걸리（マッコリ）ブームであり、また모던 한식（モダン韓食、伝統を守りつつも調理方法や盛り付けなどを洗練させた新しい韓国料理）の定着である。特に모던 한식は現在においても韓国料理の最先端をゆく流行のスタイルであり、今度の미쉐린 가이드においても多くの掲載店を出すだろうと予測されている。すでに海外への進出をも果たし、外国で별（星）を獲得した店もあるからだ。

韓国メディアの取材によれば미쉐린本社は7月の段階ですでに「ソウル市内の飲食店取材を終えた」としている。11月中には発売の見込みだ。

いったいどの店が掲載され、また별を獲得するのか。また、これまで海外でも韓国料理のジャンルでは2스타（二つ星）が最高だったが、本場において最も名誉ある3스타（三つ星）を取る店は現れるのか。모던 한식のみならず、老舗店の掲載はあるのか。日本ではおでんやラーメンの店も星を獲得しているが、韓国の大衆的な料理はどうか。料理関係者のみならずともワクワクする部分である。11月の発売を心待ちにしたい。

(文・写真／八田靖史)

Learning 학습

042 hana NEWS DIGEST

048 ゆうきの街とーく韓国語 VOICE OF SEOUL!

054 これだけ覚えて! 擬声語・擬態語

056 「名詞＋基本用言」で覚える韓国語の連語

060 上級を目指すための文法ポイント強化

066 誰でもすぐに始められる! はじめての音読

070 日本人が知らないネイティブの受け答え
こんなとき、どういう?

072 多読ライブラリー【初中級】
やさしい韓国語で読む韓国の文化・風物

076 多読ライブラリー【初中級】
やさしい韓国語で出会う韓国の人物

080 多読ライブラリー【中級】
原文で読む韓国の名作

hana NEWS DIGEST

2016年8月から9月までの、韓国のニュースから四つのトピックを編集部が選んでお届けします。音声は通常スピードのものとゆっくり読み上げたものを準備してあります（トラック番号表示中、かっこ内の番号がスロー音声のトラックです）。トラック番号の右のページ数は、「hana+one」でのスクリプト掲載ページを示します。

NEWS 1 '김영란법' 시행

TR04 (26) / P.094

1 지난 9월 28일, '부정청탁 및 금품 등 수수의 금지에 관한 법률'이 시행됐습니다. 이 법률은 지난 2012년에 국민권익위원회 위원장이었던 김영란 씨가 발의해 '김영란법'으로 널리 **알려졌습니다**.
[범뉼리]
[궁민]
[기명난]
[기명난뼈로]

2 김영란법은 공직자들에게 원활한 직무 수행이나 사교 등의 목적으로 제공되는 금품 등의 상한액을 설정했는데, 음식물은 3만 원, 선물은 5만 원, **축의금** 등 **경조사비**는 10만 원입니다.
[징무]
[설정핸는데]
[음싱무른]
[심마 눠님니다]

3 김영란법이 시행되면서 음식점에서는 29,000원의 '김영란 정식'이 등장하고, 백화점에서는 49,000원의 '김영란 선물 세트'가 진열되는 등 각 업종에서 김영란법 대응책 **마련**에 고심하고 있습니다.
[배콰저메서는]

語彙・用語解説

알려지다: 知られる
축의금(祝儀金): 祝儀
경조사비(慶弔事費): 慶弔費
마련: 準備、用意、工面

解説

ここでいう公職者には、公務員や国会議員だけでなく、メディアや、幼稚園から大学までの私立学校の教職員も含まれるなど、対象が非常に広範囲にわたる。

NEWS 2　경주에서 규모 5.8의 지진 발생

TR05 (27) / P.094

¹ 지난 9월 12일, 경주에서 **규모** 5.8의 지진이 발생해 20명 이상이 다쳤습니다.
[발생]
또 건물이 기울거나 유리창이 깨지는 등 재산 피해도 **잇따랐습니다**.

² 지진이 일어나**자** 이에 놀란 주민들이 119에 전화를 걸어 와 지진 **여부** 확인 건수
[일릴구]　　　　　　　　　　　　　　　　　　　　　　　　　　　　　　　　　　　[껀수]
가 만 건 이상에 달하면서 크게 **혼란을 빚기도** 했습니다.
[만 껀]　　　　　　　　[홀라늘]

³ 또 계속되는 여진을 피해 14일부터 시작된 추석 연휴를 다른 지역에서 보내는
사람들도 많았습니다. 특히 경주 부근의 고리와 월성에는 원자력 발전소가 모
　　　　　　　　　　　　　　　　　　　　[트키]　　　　　　　　　　　　　　[발쩐소]
여 있어 지진의 영향은 없는지 주민들의 불안해 하는 목소리가 컸습니다.
　　　　　　[엄는지]

語彙・用語解説

규모(規模)：マグニチュード
잇따르다：相次ぐ
-자：〜や否や、〜するとすぐ
여부(與否)：〜かどうか
혼란을 빚다(混乱- --)：混乱が生じる

解説

9月12日の地震は、韓国の観測史上最も大きなものだった。1978年の忠清北道で起きたマグニチュード5.2の地震がこれまでの最大のもので、韓国は長らく大地震とは無縁だと思われてきた。しかし、今回の地震は慶州から近い釜山や遠くではソウルなどの大都市でも揺れが感じられたため、本文にあるように、消防機関緊急通報番号である119番に問い合わせが殺到した。今回の地震の影響で、慶州は修学旅行生をはじめとした観光客が半減しているため、市は主な観光地の入場を、10月の間、無料や割引にするなどの対策を行っている。

NEWS 3 : 외국인 유학생 수 10만 명 돌파

TR06 (28) / P.095

¹ 지난 8월 30일, 교육부와 한국교육개발원이 발표한 교육 기본 통계에 따르면, 올해 4월 1일 기준으로 외국인 유학생 수가 처음으로 10만 명을 **넘어선** 것으로 나타났습니다. 특히 어학 연수생이 약 27,000명에 달해 작년보다 21.6%나 증가했습니다.

² 학위 과정에 재학중인 외국인 유학생 가운데 가장 많은 출신국은 60% 이상을 **차지한** 중국이며 베트남, 몽골, 미국이 그 뒤를 이었습니다.

³ 또한 대학정보공시 사이트 '대학**알리미**'에 공시된 대학별 외국인 유학생 수 현황에 따르면, 외국인 유학생이 가장 많은 대학교는 **총** 4,333명인 고려대학교인 것으로 나타났습니다. 이어 3,000명을 넘는 경희대학교와 연세대학교가 각각 2, 3위를 차지했습니다.

語彙・用語解説

넘어서다: 超える、脱する
차지하다: 占める
알리미: お知らせ、指数。ここでは「アルリミ」とした
총: 総、計、合わせて

解説

学位課程に在学中の留学生が最も多い大学は、2092人の成均館大学で、2071人の慶熙大学、1564人の高麗大学が続く。また、学位課程に在学中の日本人留学生は1568人おり、国籍別で5位にランクする。一方、語学研修生の数が多い大学は、2244人の高麗大学、1541人の延世大学、1193人の慶熙大学の順だ。
参考までに、独立行政法人日本学生支援機構によると、日本の外国人留学生の数は2015年5月現在、20万8379人。留学生を最も多く受けれているのは4603人の早稲田大学で、2990人の東京大学が続く。

NEWS 4   15년 만에 실시된 성씨 조사

TR07 (29) / P.096

[1] 지난 9월 7일, 통계청이 발표한 '2015 인구주택총조사'에 따르면 2015년 11월 1일 기준으로 한국 전체 **성씨**는 총 5,582개이며 많이 사용하는 성씨는 김, 이, 박, 최, 정 순인 것으로 나타났습니다.

[2] 김씨 성을 가진 인구 비율은 21.5%이며, 이씨 성은 14.7%, 박씨 성은 8.4%를 차지해 3대 성씨의 인구 비율이 44%를 넘는 것으로 **밝혀졌습니다**. 또한 **본관**별로 보면 김해 김씨가 9%를 차지해 가장 많았으며, 6.2%의 밀양 박씨와 5.3%의 전주 이씨가 뒤를 이었습니다.
[발켜졈씀니다]

[3] 15년 만에 실시된 성씨와 본관 조사에 따르면, 지난 2000년 조사 때 728개였던 성씨가 7배 이상 **늘어났는데**, 이러한 배경에는 외국에서 온 이민자들이 귀화하면서 자신의 성씨를 **등록**한 사례가 많았기 때문인 것으로 밝혀졌습니다.
[실씨] [느러난는데] [등노칸]

語彙・用語解説

성씨(姓氏): 名字
본관: 本貫。氏族の発祥の地

解説

韓国の人口住宅総調査は、日本の国勢調査に当たるもので、国の最も基本的な統計調査だ。15年ぶりに名字に関するデータが公開されたので、これに注目が集まりがちだが、それ以外にも重要なデータが明らかになった。その一つが、1人世帯が最も多くなり520万人を超え、全世帯の27.2%を占めたこと。2010年の調査で最も多かった2人世帯は26.1%、3人世帯は21.5%だった。2005年の調査で最も多かった4人世帯は18.8%で4位に後退した。また、65歳以上の高齢者人口は前回調査より121万人増え657万人になり、全人口の13.2%を占める一方、0〜14歳人口は97万人減った691万人で全人口に占める割合は13.9%となり、少子高齢化になっている様子が明らかになっている。

NEWS 1 | TR04 (26) | P.094

[1] 지난 9月 28日, '不正請託 및 金品 等 授受의 禁止에 関한 法律'이 施行됐습니다. 이 法律은 지난 2012年에 国民権益委員会 委員長이었던 金英蘭 氏가 発議해 '金英蘭法'으로 널리 알려졌습니다.

[2] 金英蘭法은 公職者들에게 円滑한 職務 遂行이나 社交 等의 目的으로 提供되는 金品 等의 上限額을 設定했는데, 飲食物은 3万원, 膳物은 5万원, 祝儀金 等 慶弔事費는 10万원입니다.

[3] 金英蘭法이 施行되면서 飲食店에서는 29,000원의 '金英蘭 定食'이 登場하고, 百貨店에서는 49,000원의 '金英蘭 膳物 세트'가 陳列되는 等 各 業種에서 金英蘭法 対応策 마련에 苦心하고 있습니다.

NEWS 2 | TR05 (27) | P.094

[1] 지난 9月 12日, 慶州에서 規模 5.8의 地震이 発生해 20名 以上이 다쳤습니다. 또 建物이 기울거나 유리窓이 깨지는 等 財産 被害도 잇따랐습니다.

[2] 地震이 일어나자 이에 놀란 住民들이 119에 電話를 걸어 와 地震 與否 確認 件数가 万 件 以上에 達하면서 크게 混乱을 빚기도 했습니다.

[3] 또 継続되는 余震을 避해 14日부터 始作된 秋夕 連休를 다른 地域에서 보내는 사람들도 많았습니다. 特히 慶州 付近의 古里와 月城에는 原子力 発電所가 모여 있어 地震의 影響은 없는지 住民들의 不安해 하는 목소리가 컸습니다.

NEWS 3 | TR06 (28) | P.095

[1] 지난 8月 30日, 教育部와 韓国教育開発院이 発表한 教育 基本 統計에 따르면, 올해 4月 1日 基準으로 外国人 留学生 数가 처음으로 10万 名을 넘어선 것으로 나타났습니다. 特히 語学 研修生이 約 27,000名에 達해 昨年보다 21.6%나 増加했습니다.

[2] 学位 課程에 在学中인 外国人 留学生 가운데 가장 많은 出身国은 60% 以上을 차지한 中国이며 베트남, 몽골, 美国이 그 뒤를 이었습니다.

[3] 또한 大学情報公示 사이트 '大学알리미'에 公示된 大学別 外国人 留学生 数 現況에 따르면, 外国人 留学生이 가장 많은 大学校는 総 4,333名인 高麗大学校인 것으로 나타났습니다. 이어 3,000名을 넘는 慶熙大学校와 延世大学校가 各各 2, 3位를 차지했습니다.

NEWS 4 | TR07 (29) | P.096

[1] 지난 9月 7日, 統計庁이 発表한 '2015 人口住宅総調査'에 따르면 2015年 11月 1日 基準으로 韓国 全体 姓氏는 総 5,582個이며 많이 使用하는 姓氏는 金, 李, 朴, 崔, 鄭 順인 것으로 나타났습니다.

[2] 金氏 姓을 가진 人口 比率은 21.5%이며, 李氏 姓은 14.7%, 朴氏 姓은 8.4%를 차지해 3大 姓氏의 人口 比率이 44%를 넘는 것으로 밝혀졌습니다. 또한 本貫別로 보면 金海 金氏가 9%를 차지해 가장 많았으며, 6.2%의 蜜陽 朴氏와 5.3%의 全州 李氏가 뒤를 이었습니다.

[3] 15년 만에 実施된 姓氏와 本貫 調査에 따르면, 지난 2000年 調査 때 728個였던 姓氏가 7倍 以上 늘어났는데, 이러한 背景에는 外国에서 온 移民者들이 帰化하면서 自身의 姓氏를 登録한 事例가 많았기 때문인 것으로 밝혀졌습니다.

NEWS 1 「金英蘭法」施行

[1] 去る9月28日、「不正請託および金品など授受の禁止に関する法律」が施行されました。この法律は、去る2012年に国民権益委員会委員長であった金英蘭氏が発議したので、「金英蘭法」として広く知られています。

[2] 金英蘭法は、公職者に円滑な職務の遂行や社交などの目的で提供される金品などの上限額を設定しており、飲食物は3万ウォン、プレゼントは5万ウォン、祝儀などの慶弔費は10万ウォンです。

[3] 金英蘭法が施行されたことで、飲食店では2万9000ウォンの「金英蘭定食」が登場し、百貨店では4万9000ウォンの「金英蘭プレゼントセット」が並ぶなど、各業種で金英蘭法対応策の準備に苦心しています。

NEWS 2 慶州でM5.8の地震発生

[1] 去る9月12日、慶州でマグニチュード5.8の地震が発生し、20人以上が負傷しました。また、建物が傾いたり、窓ガラスが割れたりするなど、財産被害も相次ぎました。

[2] 地震が起きると、これに驚いた住民らが119番に電話をかけてきて、地震があったかどうかを確認する件数が1万件以上に達して、大きな混乱が生じたりもしました。

[3] また継続する余震を避け、14日から始まった秋夕連休を他の地域で送る人たちも多かったです。特に慶州付近の古里と月城には原子力発電所が集まっており、地震の影響はないか住民らの不安視する声が大きかったです。

NEWS 3 外国人留学生10万人突破

[1] 去る8月30日、教育部と韓国教育開発院が発表した教育基本統計によると、今年の4月1日基準で、外国人留学生の数が初めて10万人を超えたことが分かりました。特に語学研修生が約2万7000人に達し、昨年より21.6%も増加しました。

[2] 学位課程に在学中の外国人留学生のうち、最も多い出身国は60%以上を占めた中国で、ベトナム、モンゴル、米国がそれに続きました。

[3] また、大学情報公示サイト「大学アルリミ」に公示されている大学別外国人留学生数の現況によると、外国人留学生が最も多い大学は、計4333人の高麗大学であることが分かりました。続いて3000人を超える慶熙大学と延世大学がそれぞれ2、3位を占めました。

NEWS 4 15年ぶりに実施された名字調査

[1] 去る9月7日、統計庁が発表した「2015人口住宅総調査」によると、2015年11月1日基準で、韓国全体の名字は計5582個であり、多く使っている名字は金、李、朴、崔、鄭の順だったことが分かりました。

[2] 金氏の姓を持つ人口比率は21.5%であり、李氏の姓は14.7%、朴氏の姓は8.4%を占め、三大名字の人口比率が44%を超えることが明らかになりました。また本貫別に見ると、金海金氏が9%を占め最も多く、6.2%の密陽朴氏と5.3%の全州李氏が後に続きました。

[3] 15年ぶりに実施された名字と本貫調査によると、去る2000年の調査時に728個だった名字が7倍以上に増えましたが、このような背景には外国から来た移民の人々が国籍取得する際に、自らの名字を登録した事例が多かったからだということが明らかになりました。

ソウルの街角から、ナマの韓国語を直輸入！
ゆうきの 街とーく韓国語
VOICE OF SEOUL！

取材・イラスト：稲川右樹先生（弘益大学校教養外国語学部副教授）

第8回「私が腹を立てるとき」

CASE 1 TR30

유: 평소에 어떠세요, 그, 화를 자주 내시는 편인가요?

백: 아니요, 저는 안 내는 편이에요.

유: 아 잘, 화를 잘 안 내시는 편이구나. 그럼 성격이 되게 좋으신 거죠.

백: 그렇지는 않은, 자신한테는 안 좋은 거 같애요.

유: 아, 그래요? 왜요?

백: 음, 그냥, 그때그때 솔직하게 감정 표현을 하는 성격이 좋은 거 같애요.

유: 아, 그래요? 그러면 그런 사람을 보면 좀 부럽…

백: 부럽죠.

유: 부러워요? 아, 그러면은, 평소에 그래, 화가, 화 자체가 안 나는 거예요, 아니면 참고 계시는 거예요?

백: 아, 근데 좀 안 나, 안 나는 것도 있는 거 같애요. 남들이 생각하기엔 내야 되지 않나 하는 부분에도 그냥 넘어갈 때도 있고.

유: 아, 그럼 이케 굉장히, 그, 그러면은 온화하게 넘어가시는, 흐흐흐, 주변 사람들이 참 편하시겠어요, 그러면.

백: 어, 그럴 수도 있죠.

유: 네, 어, 그렇구나. 그래도 뭐, 어, 뭐, 화가 나는 경우가 굳이 있다면 어떤 경우에.

백: 일단은 저는, 네, 주변에 뭔가, 제 주변 사람들로 인해서 트러블 생기는 거 별로 안 좋아해서, 주, 인간관계에서 화는 잘 안 나는데, 근데 이제 뭐, 그렇죠, 밖에 나가서 이제 대중교통을 이양, 이용한다거나 저랑 전혀 모르는 타인?

유: 아, 전혀 모르는, 그러니까 아는 사람이 아니라,
백: 아니라,
유: 남들,
백: 그렇죠.
유: 그냥 남. 남인 사람들, 네.
백: 네. 이제 뭐 지하철에서도 이제 막 그, 막 사람 밀치고 들어가는, 그런 사람이라던지, 아니면 어디 식당을 갔는데 아주아주 불친절한 점원이라던지. 예, 저랑 모르는 타인을 보면은 이제 좀 화날 때는 있는 거 같아요.
유: 네, 그러면은 뭐 최근에 목격하신, 뭐 예절이 없는 그 매너가 없는 사람, 어떤 사람이 있었나요?
백: 근데 저는 일단 전철 타면은 그 줄 기다리, 줄 서서 기다리는 곳에서 줄을 안 서고 그냥 이렇게, 예.
유: 아, 들어오고,
백: 그쵸,
유: 새치기.
백: 문 열리면은 그냥, 예, 새치기하듯이 그냥 자연스럽게 쓱 들어가시는 분들을 항상 보는 거 같고. 그리고 자리가 있으면 제가 앉으려고 하는 것도 아닌데 굳이 저기에서 막 와 가지고 먼저 앉으시는 분들.
유: 아, 무슨 말인지 알 거 같은데.
백: 네.
유: 어떤 분은 이렇게 가방까지 던지시고.
백: 예, 예. 그런 거는 그냥, 뭐 거의 빈번하게 보는 거 같아요.
유: 음, 그렇구나.

(TR31)
유: 식당에서는 뭐 어떤 일이 있었나요?
백: 식당에서는 그냥, 되게 뭐라 그래야 되지? 니까는 기본적인 점원의 자세가 아닌 사람들.
유: 음, 기본적인 자세가 안 돼 있고.
백: 예, 예. 그냥 뭐, 주문을 받을 때도, 네, 이러면서 이케 그냥 메뉴판 쓱 들고 가는 사람이라던지. 아니면은 뭐, 계산할 때 불친절한, 어 그냥, 예, 좀 뭔가 뭐, 안녕히 가

세요라는 말도 없고 아니면 뭐 돈 같은 것도 약간 그냥 막, 좀 이렇게.
유: 이렇게 던지듯이.
백: 던지듯이 이렇게 주는 사람이라든지.
유: 아, 그러면 뭐, 그리 뭐, 지하철이나 그런 데서는 뭐 그런 사람한테 직접 뭐라고 하기는 힘들겠지만 혹시 뭐 식당이나 그런 데서 사람한테 그 얘기 한 적이 있어요?
백: 아, 어, 저는 근데 없는 거 같아요.
유: 아, 그래요?
백: 그냥 그냥, 아 저 가게는 다시는 안 가야겠다 생각하고 나오는.
유: 아, 그러면은 거기서 바로 항의를 하는 게 아니라, 자기가 먼저 물러서는.
백: 네, 그만. 네, 저는 굳이 그 앞에서 얘기한 적은 없는 거 같아요.
유: 아, 그래요?

ゆ：普段いかがですか、その、よく怒る方ですか？
女：いいえ、私は怒らない方です。
ゆ：あ、あまり、あまり怒らない方なんだ。それでは、とても性格がいいんですね。
女：そうではない、自分には良くないと思います。
ゆ：あ、そうですか？ どうしてですか？
女：うーん、ただ、その時その時、率直に感情表現をする性格がいいと思います。
ゆ：あ、そうですか？ それでは、そんな人を見たらちょっとうらやま……
女：うらやましいです。
ゆ：うらやましいですか？ あ、それでは、普段、怒りが、怒り自体が込み上げないんですか、それとも我慢していらっしゃるんですか？
女：あ、でもあまり込み上げない、込み上げないのもあると思います。他の人が思うには、怒らなくちゃいけないんじゃないかと思う部分でもそのままやり過ごしちゃうときもあって。
ゆ：あ、それではとても、それでは穏やかにやり過ごす、ふふふ、周りの人たちとても気が楽でしょうね、そしたら。
女：あ、そうかもしれませんね。
ゆ：はい、あ、そうですか。それでも、何か、あ、何か、怒ることがあるとしたら、どんな場合に。
女：ひとまず私は、はい、周りに何か、私の周りの人のせいでトラブルが起きるのがあまり好きじゃなくて、人間関係で怒ることはあまりありませんが、でも、そうですね、外出して公共交通機関を利用するとか、私と全く知らない他人？
ゆ：あ、全く知らない、つまり知り合いじゃなく、
女：じゃなく、
ゆ：他の人、
女：そうです。
ゆ：ただの他人。他人の人たち、はい。
女：はい。地下鉄でも、やたらと人を押しのけて入る、そんな人とか、あるいはある食堂に行ったんですが、とても不親切な店員だとか。はい、私の知らない他人を見ると、ちょっと怒ることはあると思います。
ゆ：はい、それでは、何か最近目撃なさった、何か礼儀正しくない、その、マナーがな

い人、どんな人がいましたか？
女：でも、私はひとまず電車に乗ると、列待つ、列に並んで待つ場所で列に並ばず、こうして、はい。
ゆ：あ、入ってきて、
女：そうです。
ゆ：割り込み。
女：ドアが開いたら、そのまま、はい、割り込むようにそのまま自然にすっと入っていく人たちをいつも見掛けるようで。それと、空席があったら、私が座ろうとしているんでもないのに、わざわざ向こうから無理やり来て、先に座る人たち。
ゆ：あ、どういうことか分かる気がします。
女：はい。
ゆ：ある人はこのようにかばんまで投げて。
女：はい、はい。そういうことは、頻繁に見ている気がします。
ゆ：ああ、そうか……。

ゆ：食堂ではどういうことがあったんですか？
女：食堂では、ただ、とても、何と言えばいいかな？ つまり、基本的な店員の姿勢ではない人たち。
ゆ：うーん、基本的な姿勢ができていなくて。
女：はい、はい。ただ、注文を受けるときも、はい、と言って、このようにただメニューをさっと持っていく人だとか。あるいは、会計するときに不親切な、ただ、はい、ちょっと何だか、「お気を付けて」という言葉もなく、あるいは、お金なども少し、このように。
ゆ：このように、投げるように。
女：投げるように、このようにくれる人だとか。
ゆ：あ、それでは、その、地下鉄やそういう場所では、そういう人に直接言うのは難しいでしょうけど、もしかして、食堂などで相手に言ったことはありますか？
女：あ、私は、ですが、ありません。
ゆ：あ、そうですか？
女：ただただ、あ、あの店は二度と行かないようにしようと思いながら出る。
ゆ：あ、すると、そこで直ちに抗議するのではなく、自分が先に退く。
女：はい、もう。はい、私はあえてその人の前で話したことはありません。
ゆ：あ、そうですか？

CASE 2 TR32

신: 엊그저께 동네 다이소에 갔는데.
유: 다이소? 장 보러?
신: 응. 줄을 한 다섯 명, 여섯 명? 서 있고, 계산하신 분 한 분밖에 없는데 할아버지가 새치기를 했네?
유: 아, 까 연세가 많으신 분들이 그럴, 자주 그런 걸 하시지.
신: 근데 순간 짜증이 확 나는 거야. 나는,
유: 한소리 했어? 그래서?
신: 얘기했지.

신현덕さん
ゆうきさん友人

유: 얘기했어? 어~ 용감한데?
신: 저기 아까 아저씨가 먼저, 먼저 서 계셨다고. 그래서 계산 먼저 하셔야 할 테니까.
유: 어, 그랬더니?
신: 죄송하다고.
유: 아, 죄송하다고 말씀하셨어?
신: 어 말씀하셨는데. 꿋꿋하게 계산을 또 하시더라고.
유: 미안하다고 했는데도?
신: 미안하다고 했는데도. 그러면 뒤로 가시면 되는데. 왜 그러지? 나이를 많이 먹으면 저렇게 해도 되나? 그렇게 생각할 때도 있었고 그리고 운전할 때 최근에는 깜빡이를 안 키고 차선을 끼어드는 사람들이 많으니까.
유: 많지.
신: 너무 많아.
유: 오히려 뭐 깜빡이 켜고 들어오는 사람이 더 오히려 더 적지 않나?
신: 적지. 그리고 밤에 운전을 하는데 라이트를 또 안 켰네?
유: 어 아 라이트를,
신: 안 키구.
유: 그거는 진짜 깜빡할 수 있어. 최근 거는 다 이케 센서가 있잖아, 자동으로 되는데.
신: 근데. 자동으로, 근데 차도 찬데도 터널 안에서도 깜빡이를 안 키고 그 밤에 어두운 데도 불 안 키고 다니고 그냥.
유: 그거는 아마 본인이 뭔가 다른 데에다가 정신이 팔려 가지고 그냥 몰랐을 거야.
신: 근데 거기서 좀 화가 나더라고. 왜냐면 사고가 나면 크게 나니까.
유: 그렇지. 갑자기 앞에 누가 뛰어들면,
신: 뛰어들면 못 보니까.
유: 못 보니까, 음.
신: 그런 게 좀 많이 최근에도 많이 화가 났고.
유: 운전하면서 화가 나는 일이 많지.
신: 많지.

男：数日前、町のダイソーに行ったんだけど。
ゆ：ダイソー？ 買い物しに？
男：うん。列に大体5人、6人？ 並んでて、レジは1人しかいなかったんだけど、おじいさんが割り込みをしたんだよね。
ゆ：あ、年寄りがそういう、よくそういうことするよ。
男：でも、瞬間ぱっと腹が立ったんだ。俺は、
ゆ：一言言った？ それで？
男：言ったよ。

ゆ：言った？　おー、勇敢だね？
男：あの、さっきおじさんが先に、先に並んでたと。だから、先に会計すべきだから。
ゆ：お、そしたら？
男：申し訳ないと。
ゆ：あ、申し訳ないとおっしゃった？
男：おっしゃったけど。臆面もなく、会計をまたするんだよ。
ゆ：申し訳ないと言ったのに？
男：申し訳ないと言ったのに。だったら後ろに行けばいいのに。どうしてああなんだろう？　年をたくさん取ったらああやってもいいのか？　そう思うこともあったし、それから運転するとき、最近はウインカー出さずに車線に割り込んでくる人が多いから。
ゆ：多いね。
男：すごく多い。
ゆ：むしろ、ウインカーを出して入ってくる人の方が、むしろ少ないんじゃない？
男：少ないね。それと、夜運転をしていて、ライトをつけないんだね。
ゆ：あ、ライトを、
男：つけずに。
ゆ：それは本当にうっかり忘れるときがあるよ。最近のは、全部こうしてセンサーがあるじゃない、自動でつくのに。
男：でも、自動で、でも、車もそうだけど、トンネルの中でもウインカーを使わず、夜暗いのにライトをつけずに走って。
ゆ：それはおそらく、本人が何か他のことに気を取られてて忘れてるんだよ。
男：でも、そこで腹が立つんだよ。なぜなら、事故が起きたら大ごとになるから。
ゆ：そうだね。急に誰かが飛び出してきたら、
男：飛び出してきたら、見えないから。
ゆ：見えないから、うーん。
男：そういうのが、とても、最近もとても腹が立って。
ゆ：運転していて、腹が立つことは多いでしょ。
男：多いよ。

여러분, 안녕하세요? 유우키입니다!

　今回は怒りというテーマで2人の方にお話を伺いました。まず、「腹が立つ」という言葉ですが、インタビューの中では**화가 나다**と**짜증이 나다**という二つの表現が出てきました。このうち**짜증이 나다**は「思い通りにいかないことに対していらいらする」というニュアンスが強いです。自分から「腹を立てる」と言う場合は、自動詞**나다**の代わりに他動詞の**내다**を使って、**화를 내다**、**짜증을 내다**となります。また、**신현덕**さんのインタビューの中で**짜증이 "확" 나다**という言葉が出てきましたが、**확**というのは火が燃え上がるように怒りが急激に込み上げてくる様子を表す擬態語で、腹が立つ話をしているときには本当によく出てくる言葉です。いずれにしても納得のいかないことがあふれている世の中なのですから、うまく怒りと付き合っていきたいものですね。

これだけ覚えて！擬声語・擬態語

韓国語の擬声語・擬態語、覚えるのに苦労していませんか？ このコーナーでは、日常生活でよく使われる擬声語・擬態語に絞り、毎回テーマ別にご紹介します。単語と組み合わせて覚えることにより、意味・ニュアンスも楽に覚えられます。今回のテーマは「物の状態」です。

イラスト：青山京子 (asterisk-agency)

「物の状態」

갈기갈기　ずたずた

切れ切れになる様を表します。主に布でできた物や、紙でできた物に使います。動詞に付くときは**갈기갈기 찢어지다**（ずたずたに破れる）の形で呼応します。

★ 用例 TR33

갈기갈기 옷자락	갈기갈기 찢어진 신문지	갈기갈기 쪽지
ずたずたの服の裾	ずたずたに破れた新聞紙	ずたずたの紙切れ

꼬깃꼬깃　しわくちゃ

きれいに折られたものではなく、しわができるようにわざと折った様子を表します。折られたまましばらくたって古くなった様子を主に表します。

★ 用例 TR34

꼬깃꼬깃 천 원 짜리	꼬깃꼬깃 편지	꼬깃꼬깃한 종이
しわくちゃの1000ウォン札	しわくちゃの手紙	しわくちゃな紙

곱슬곱슬　ちりちり

毛や糸のような細長い物が、細かく曲がりくねって縮んでいる様子を表します。人の髪にはもちろん、動物の毛、糸などの物にも、何にでも使えます。

★ 用例 TR35

곱슬곱슬 곱슬머리	곱슬곱슬 라면	곱슬곱슬 털실
ちりちりのパーマ頭	ちぢれラーメン	ちりちりの毛糸

너덜너덜 ぼろぼろ

とてもすり減っていて、幾つかのパーツに分かれている様子を表します。表皮が剥がれ落ちたもの、家などの建物が古くなったものなど、広い範囲で使うことができます。また、ひどい負傷により傷口が裂けているような状態にも使えます。

★ 用例 TR36

너덜너덜 천 조각
ぼろぼろの布切れ

너덜너덜 페인트
ぼろぼろのペイント

너덜너덜한 상처
ずたずたの傷

숭숭 ぼこぼこ

穴がたくさん開いた様子を表します。主に **구멍이 숭숭 나다** (穴がぼこぼこに開く)のように使います。

★ 用例 TR37

숭숭 난 구멍
ぼこぼこ開いた穴

숭숭 뚫린 양말
ぼこぼこに穴が開いた靴下

숭숭 뚫린 벽
ぼこぼこに穴が開いた壁

땡땡 ぱんぱん

太ったり腫れたりして、膨れて弾力がある状態を表します。人にも使えますが、ボールやタイヤなどにぎりぎりまで空気が入って膨張しているものに使えます。

★ 用例 TR38

땡땡한 종아리
ぱんぱんなふくらはぎ

땡땡한 지갑
ぱんぱんな財布

땡땡한 풍선
ぱんぱんな風船

올록볼록 でこぼこ

表面が出っ張ったり、へこんだりしている様子を表します。高低がある全ての物に使え、物以外に人の肌にも使うことができる表現です。

★ 用例 TR39

올록볼록한 벽지
でこぼこした壁紙

올록볼록한 도로
でこぼこの道路

올록볼록한 뽁뽁이
でこぼこのエアパッキン

× 돈을 내리다
○ 돈을 찾다

× 약을 마시다
○ 약을 먹다

× 머리를 씻다
○ 머리를 감다

誤用を防ごう！「名詞+基本用言」で覚える韓国語の連語

「お金を下ろす」を돈을 내리다と言ったら通じなかった。こんな経験をしたことある人いませんか？ 내리다は「下ろす」の基本の訳ですが、結合する名詞によっては異なる韓国語が使われることがあります。このような「名詞+用言」の連語表現を問題を解きながらバッチリ覚えましょう。

文：安垠姫先生（アン・ウニ。早稲田大学他講師）

1 » 日本語の「断る」は韓国語でどう表現？

① そういうことは、きっぱりと断らないと。

그런 일은 딱 잘라서 (　　　　　).

② あっさりと断られた。

단번에 (　　　　).

③ ここに「付けお断り」と書いてあるじゃないですか。

여기에 '외상 (　　　)'이라고 쓰여 있잖아요.

④ あらかじめ断っておきますが、英語が全くしゃべれません。すみません。

미리 (　　　　　　), 영어를 전혀 못합니다. 죄송합니다.

⑤ 念のために断っておくが、反対しているわけではないよ。

혹시나 해서 (　　　　) 반대하는 건 아니야.

解答 ①거절해야지　②거절당했다　③사절　④양해를 구합니다만　⑤말해 두지만

解説 ①「相手の提案や希望、申し入れなどを拒絶する、拒む」の意味の「断る」には、一般に거절하다を使います。

②①の意味の「断る」を受身にした「断られた」には、거절당하다を使います。

③「新聞購読や付けなどの断り」の意味の「断り」には、사절（謝絶）という単語をよく使います。거절も使えますが、○○ 사절と決まり文句のように書いてあることが多いです。광고 사절（広告お断り。SNSなどでよく使う）など。

④「事前に事情を伝えて、了解を求める」の意味の「断っておく」には、양해를 구하다の表現をよく使います。
⑤④と似たようなニュアンスの「断っておく」ですが、「申し訳ないが了解を求める」というニュアンスが強くない場合は、말해 두지만/말해 두는데(言っておくが)ぐらいの表現で大丈夫です。少し丁寧な表現で말씀드립니다만などもあります。「念のために」は혹시나 해서の他、혹시 몰라서などの意訳表現を使うといいでしょう。

2 » 日本語の「ふさぐ」は韓国語でどう表現？

⑥ ベビーカーが通路をふさいでいるので通りにくいです。
  유모차가 통로를 (　　　　) 있어서 불편해요.

⑦ 耳をふさいで歌うと、自分の声がよく聞こえます。
  귀를 (　　　　) 노래하면 자기 목소리가 잘 들려요.

⑧ リュックサックで席をふさいでいる男がいた。
  배낭으로 자리를 (　　　　) 있는 남자가 있었다.

⑨ 壁に開いた画びょうの穴をふさぐ方法。
  벽에 난 압정의 구멍을 (　　　　) 방법.

⑩ 理由もなく、気分がふさぐときがある。
  이유도 없이 기분이 (　　　　) 때가 있다.

解答 ⑥막고 ⑦막고 ⑧차지하고 ⑨메우는/막는 ⑩우울할/울적할

解説 ⑥「道や通路、出入り口などにおいて通行を邪魔する」の意味の「ふさぐ」には、一般に막다を使います。
⑦「耳や口、鼻などを、手で覆って機能しないようにする」の意味の「ふさぐ」にも막다が使えます。
⑧「場所や席を占める」の意味の「ふさぐ」は、차지하다で表すことが多いです。
⑨例文のように「穴などをなくす」のニュアンスの「ふさぐ」には、메우다(埋める)を使うことが多いです。바람이 통하지 않도록 벽의 구멍을 막는다(風が通らないように壁の穴をふさぐ)のように、막다を使うこともできます。

⑩「気分や気持ちなどがふさぐ」の「ふさぐ」は、우울하다や울적하다などの形容詞を使って表現すると分かりやすいです。

3 » 日本語の「防ぐ」は韓国語でどう表現？

⑪ 敵の攻撃を防いだ。

적의 공격을 (　　　　).

⑫ しわを防ぐ化粧品はこれです。

주름을 (　　　　) 화장품은 이거예요.

⑬ 事故を未然に防ぐ対策が必要だ。

사고를 미연에 (　　　　) 대책이 필요하다.

⑭ 時差ぼけを防ぐ方法は機内食だそうです。

시차로 인한 피로를 (　　　　) 방법은 기내식이라고 해요.

⑮ 日差しを防ぐ方法として、カーテンが一番おすすめです。

햇볕을 (　　　　) 방법으로 커튼이 제일 좋을 것 같아요.

解答 ⑪막았다/막아 냈다　⑫막는/방지하는/예방하는　⑬방지하는/예방하는
⑭예방하는　⑮차단하는/막는

解説 ⑪「外部からの侵入を食い止める」の意味の「防ぐ」には、막다や막아 내다 (防ぎ止める、食い止める) をよく使います。

⑫「好ましくない事態や症状が生じないようにする、防止する」の意味の「防ぐ」には、막다も使えますが、방지하다 (防止する) や예방하다 (予防する) などを使うことも多いです。주름을 막는 화장품は、주름을 막아 주는 화장품の形でもよく使われます。

⑬⑫と似たような使い方です。「事故」などの場合は방지하다と예방하다の二つが使えますが、この文では방지하다の方が好まれます。

⑭⑫と似たような使い方です。「疲れなどの症状」の場合は、예방하다の方が好まれます。「時差ぼけ」は시차병と言うこともあります。

⑮「日差しや寒さなどを遮って中へ入れないようにする」の「防ぐ」には、막다も使えますが、차단하다 (遮断する) をよく使います。

4 » 日本語の「落ち着く」は韓国語でどう表現？

⑯ 早く結婚して落ち着いた生活を送ってほしいの。

　　빨리 결혼해서 (　　　　　) 생활을 했으면 좋겠어.

⑰ 心が落ち着く都内の美しい公園。

　　마음이 (　　　　　) 도쿄 도내의 아름다운 공원.

⑱ お願いだから、落ち着いて！

　　제발 좀 (　　　　)!

⑲ あなたがそばにいないと、なんか落ち着かない。

　　당신이 옆에 없으면 왠지 (　　　　).

⑳ 年の暮れはどうしても落ち着かない雰囲気だ。

　　연말은 아무래도 (　　　　　) 분위기다.

解答　⑯안정된　⑰차분해지는　⑱진정해/침착해　⑲불안해　⑳어수선한

解説　⑯「職業や住居、生活などが決まり安定する」の意味の「落ち着く」には、안정되다をよく使います。

⑰「心や気持ち、気分が安定した状態になる」の意味の「落ち着く」には、차분해지다をよく使います。「落ち着いた性格」は 차분한/침착한 성격、「落ち着いたカフェ」は 차분한/조용한/한적한 카페など。

⑱「心や気持ちなどの動揺が静まるようにする」の意味の「落ち着く」には、진정하다か침착하다を使います。

⑲「心や気持ち、気分が落ち着かない、不安な状態だ」の意味の「落ち着かない」には、불안하다をよく使います。

⑳「(雰囲気など) 気が散って落ち着かない、気ぜわしい」の意味の「落ち着かない」には、어수선하다をよく使います。

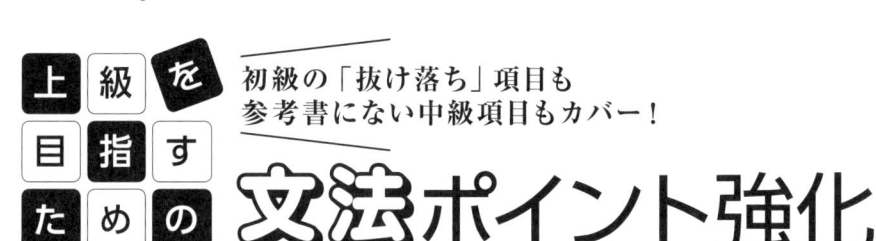

上級を目指すための文法ポイント強化

初級の「抜け落ち」項目も参考書にない中級項目もカバー！

第14回 -고と-아/어서の重なる用法

文：金美仙先生（同志社大学他講師）

初級から初中級を終えて、中級、さらには上級を目指す人がきちんと習得しておくべき文法事項を、テーマを変えながら取り上げていきます。

-고と-아/어서は、それぞれが複数の意味を持っているだけではなく、用法の重なる部分があり、さらにはいずれも日本語の「〜して」に対応し得るという点で、最も難しい学習項目の一つです。今回は、-고と-아/어서のそれぞれの用法のうち、両者が重なる部分を取り上げ、解説したいと思います。下の表は-고と-아/어서の全体の意味をまとめたものですが、今回扱うのはⓒⓔⓕ、そしてⓓになります。

日本語の「〜して」が表す意味		-고	-아/어서
ⓐ先行	例) 先にコーヒーを<u>飲んで</u>仕事を始める。	○	×
ⓑ並列	例) 映画も<u>見て</u>食事もする。	○	×
ⓒ原因・理由	例) <u>忙しくて</u>休めなかった。	△	○
ⓓ手段・方法	例) ふたを<u>回して</u>開ける。	×	○
ⓔ準備動作	例) 直接<u>会って</u>話す。	△	○
ⓕ様態	例) 傘を<u>持って</u>出掛ける。	○	○

※この表にまとめた-고と-아/어서の意味の分類およびその名付けは、油谷幸利・金美仙・金恩愛（2015）『間違いやすい韓国語表現100上級編』（白帝社）に従ったものである。

1 原因・理由ⓒ

原因・理由を表すのは主に-아/어서です。

① **신발이 작아서 못 신겠어요.**
　靴が<u>小さくて</u>、履けそうにありません。

② **어제는 약속이 있어서 먼저 갔어요.**
　昨日は約束があったので、先に帰りました。

③ **글씨를 너무 많이 써서 팔이 아파요.**
　字を書き過ぎて、腕が痛いです。

　ところで、同じ動詞の-고の形でも-아/어서の形でも、原因・理由の意味が成立する場合があります。次の2例を比較し、それぞれの原因・理由を考えてみましょう。

④ **좀 우울했었는데 영화를 보고 기분이 많이 좋아졌어요.**
　ちょっと憂鬱(ゆううつ)だったけど、映画を見て気分がかなり良くなりました。

⑤ **오래간만에 친구랑 영화를 봐서 너무 좋았어요.**
　久しぶりに友達と映画を見てとても良かったです。

　④の場合は、見た映画の中身が原因となり気分が良くなった、という意味ですが、⑤では、「映画を見ることが実現した」ことが原因となっています。つまり、-고の場合は、その出来事の中身（例えば、映画の内容）に焦点が当てられていますが、-아/어서の場合は、その出来事自体（例えば、映画を見るという行為）に焦点が当てられていると言えます。次の例も同様です。

⑥ **한약을 먹고 나았어요.**
　韓方薬を飲んで治りました。

⑦ **약을 빠지지 않고 잘 먹어서 회복이 빨라요.**
　薬を欠かさずに飲んだので、回復が早いです。

　⑥では、飲んだ韓方薬の効き目に焦点が当てられていて、治った理由はその効き目にあるという意味になります。⑦の場合は、回復が早い理由は、薬を飲むという出来事自体にあります。もっとも、実際には効き目がなければ、欠かさず飲んでも回復することはないでしょうが、言語表現として話者の意図は「効き目」ではなく「飲む行為自体」にあるということです。もう少し例を見ておきましょう。

⑧ **여행을 하고 생각이 바뀌었어요.**
　旅行をして、考えが変わりました。

⑨ 여행을 해서 기분전환이 됐어요.
旅行をしたので、気分転換できました。

⑧では、旅行中に見たり聞いたり、経験したことなどが「考えが変わった」理由となったという発話意図が読み取れます。⑨の場合は、どのような旅行であったかというよりは、旅行したこと自体を取り立てて「気分転換」の理由として表現したものと言えます。
次の⑩でも、요가하고の文では、ヨガの内容・プログラムが原因となっていますが、요가해서の文は、ヨガをしたこと自体が原因となっています。

⑩ 요가하고/요가해서 어깨 결림이 많이 좋아졌어요.
ヨガをして／ヨガをしたので、肩凝りがかなり良くなりました。

2 準備動作 ⓔ

準備動作には、主に-아/어서が用いられますが、一部-고も使われます。

1) -아/어서が使われる場合

準備動作に関しては、移動などを表す動詞（가다、오다など）の-아/어서の形がよく知られていて、初級の段階から学ばれることも珍しくありません。

⑪ 도서관에 가서 신문을 읽었어요.
図書館に行って、新聞を読みました。

⑫ 친구를 만나서 같이 점심을 먹었어요.
友達と会って一緒にお昼を食べました。

これらの場合、-아/어서ではなく、-고の形が用いられると、⑪では、図書館から出て別の場所で新聞を読んだことになります。また⑫では、友達と別れてお昼を食べたことになるので、같이の使用は不適切です。
そして、移動動詞の-아/어서の形が常に準備動作を表すわけではありません。文脈によります。次の⑬の와서は原因・理由を表します。

⑬ **친구가 연락도 없이 와서 좀 놀랐어요.**
友達が連絡もなく来たので、ちょっと驚きました。

また、移動動詞でなくても-아/어서の形で準備動作を表す場合があります。この場合、-아/어서の用言と主節の用言が共通の目的語を持つという特徴があります。

⑭ **토마토를 씻어서 그 자리에서 먹어 버렸어요.**
トマトを洗って、その場で食べてしまいました。

「トマトを洗う」ことは「トマトを食べる」ための準備動作ですが、「洗う」と「食べる」の目的語は同じ「トマト」です。⑮と⑯も同様です。

⑮ **선물은 이 가방에 담아서 따로 가져가세요.**
お土産はこのかばんに入れて別途持っていってください。

⑯ **샌드위치에서 오이를 빼서 (오이를) 먹었어요.**
サンドイッチからキュウリを抜き出して（キュウリを）食べました。

さらに、文法的には共通の目的語ではないにしても、実際には二つの目的語の関連性が高い場合も、その準備動作に対して-아/어서の形が用いられます。

⑰ **귤은 껍질을 까서 알맹이만 사용할 겁니다.**
ミカンは皮をむいて、中身だけ使います。

⑱ **국이 싱거우면 소금을 넣어(서) 드세요.**
スープの味が薄ければ塩を入れて、召し上がってください。

2) -고が使われる場合

ところで、⑯は、빼서の代わりに-고を用いて빼고にしても、準備動作の文になります。ただし、文の意味は異なります。次の⑲と比較しながら解説します。

⑯ **샌드위치에서 오이를 빼서 먹었어요.**
サンドイッチからキュウリを抜き出して（キュウリを）食べました。

⑲ **샌드위치에서 오이를 빼고 먹었어요.**
サンドイッチからキュウリを抜き出して（サンドイッチを）食べました。

日本語訳に見るように、**빼서**の場合はキュウリを食べたことになりますが、**빼고**の場合はサンドイッチを食べたことになります。次の**열고**と**열어서**の場合も同様です。

⑳ **창문을 열고/열어서 청소하지?**
窓を開けて掃除すれば？

열고の場合は、窓を開けて、例えば部屋を掃除するという意味になりますが、**열어서**の場合は、窓自体を掃除するという意味になります。ただし、このような-**고**と-**아/어서**の違いは、実際の言語使用においては必ずしも厳格に守られず、混用される場合も多いです。

準備動作を表す-**고**の例をもう一つ見ておきましょう。次の㉑では、**켜다**の目的語である**불**と、**보다**の目的語であるTVが異なり、かつ関連性が高いわけでもないので、-**아/어서**は使われません。**켜서**の形は、㉒のように、準備動作よりは原因・理由の意味を表しやすいです。

㉑ **TV를 보더라도 불을 켜고 보는 게 좋아요.**
テレビを見るにしても電気をつけて見た方がいいですよ。

㉒ **갑자기 불을 켜서 눈이 너무 부셔요.**
急に電気をつけたので、まぶしすぎます。

❸ 様態 ⓕ

様態とは、主体が動作を行う際、その主体がどのような状態であるかということを意味します。最もよく知られているのは、いわゆる立ち居振る舞いを表す動詞（**서다**：立つ、**앉다**：座る、**눕다**：横になるなど）の-**아/어서**の形です。立った状態で／座った状態で〜を行う、といった具合です。

㉓ **이쪽에 앉아서 쓰세요.**
こちらに座って、お書きになってください。

㉔ **요즘은 서서 하는 일이 늘었어요.**
   最近は立ってする仕事（＝立ち仕事）が増えました。

　立ち居振る舞いを表す動詞は自動詞ですが、一部の他動詞は-고の形で様態を表す場合があります。「(眼鏡を)掛ける」「(帽子を)かぶる」「(かばんを)持つ」などの、いわゆる再帰的な意味を表す動詞です。これらの動詞は、日本語の「～シテイル」の形で「状態」を表すのが特徴です。

㉕ **낮에는 모자를 쓰고 나가요.**
   昼間は帽子をかぶって出掛けます。

㉖ **할머니께서 양손에 짐을 잔뜩 들고 오셨어요.**
   おばあさんが両手に荷物をいっぱい持って来られました。

㉗ **설거지를 하더라도 앞치마를 하고 하세요.**
   皿洗いをするにしてもエプロンを掛けてしてください。

4　手段・方法 ⓓ

　この用法は-아/어서の形しか使われませんが、あまりなじみのないものと思われますので、例を少し挙げておきます。この用法の-아/어서は、-ㅁ/음으로써（～することによって）という解釈が可能です。

㉘ **약보다는 운동을 해서 살을 빼는 게 좋아요. (운동을 함으로써)**
   薬よりは運動をして痩せた方がいいですよ。

㉙ **목적지는 지도에 동그라미를 쳐서 표시해 두었어요. (동그라미를 침으로써)**
   目的地は地図に丸をつけて印しておきました。

㉚ **그 사람은 그림을 그려서 생계를 유지하고 있습니다.**
   その方は絵を描いて生計を維持しています。

誰でもすぐに始められる！
はじめての音読
～音の高低（イントネーション）を練習する～

みんなの熱い反響に応えて、音読トレーナー김음덕再登場だ！

イラスト
安藤直
(asterisk-agency)

　今回は、韓国語のイントネーションを音読で練習してみましょう。個々の音をうまく発音できているつもりでも、イントネーションがおかしいと韓国語話者には通じないことがあります。それほどにイントネーションは、韓国語を話す上で大事なポイントといえます。イントネーションというと、文末の音の上げ下げによって疑問や命令などを表す場合も含みますが、今回は言葉の出だしのイントネーションに注目してみます。

　まずは法則から見てみましょう。韓国語の音の高低は、言葉の最初の子音で決まります。それは次の表のようにまとめることができます。

低く始まるグループ	高く始まるグループ
平音：ㄱㄷㅂㅈ	激音：ㅋㅌㅍㅊ
鼻音・流音：ㄴㅁㄹ	濃音：ㄲㄸㅃㅉ
子音なし（母音）：ㅇ	摩擦音：ㅅㅎ

　低く始まるグループは、音が低いところから高いところへ上がっていきます。一方、高く始まるグループは、音が高いところから低いところへ下がっていきます。次の例文の音声を、出だしの音の高低に注目して聞いてみましょう。

TR40

① 바람이 따뜻하네요.　風が暖かいですね。
② 사람이 많아요.　　　人が多いです。

　いかがでしょうか？ 바람이の方は、低く始まってから上がっていきましたが、사람이は、高く始まってから落ちていきました。따뜻하네요は、2音節目の따뜻まで高く、その後で落ちていきました。많아요は、低いところから上がっていきました。その高低を

線で示すと、下記のようになります。

① 바람이 따뜻하네요.　② 사람이 많아요.

　このように韓国語のイントネーションは、言葉の出だしの部分が2通りに分かれます。終わりの部分は、強調したり息継ぎをしたり、文末に置かれたりすることで変わる場合がありますが、出だしの部分は子音によってしっかり定まっています。
　ここで大事なポイントは、上下の「向き」です。実は、平音でも高めに始まることはありますし、濃音や激音でも低めに始まることはあります。ですが、出だしから上がるか下がるかという「向き」が変わることは、基本的にありません。こうした点を理解した上で、例を読んで練習してみましょう。
※ただし、単語学習書などで、見出し語だけを読み上げる音声では、このように発音されないことがあります。

1 ウオーミングアップ

　次の例を、音声の出だしの高低を意識して十分に聞いた上で、発音してみましょう。

TR41

③ 라디오에서　ラジオから　　④ 카메라를　　カメラを
⑤ 의사예요.　　医者です。　　⑥ 친구예요.　　友達です。
⑦ 있어요.　　　あります。　　⑧ 써 있어요.　書いてあります。

　③～⑦は、単語に助詞や語尾が付いた形（語節）ですが、⑧は二つの語節になっています。しかし、⑧のような場合、書くときは2語節であっても、一つの「固まり」としてまとめて発音されるので、써 있までが高く発音され、その後下がっていきます。続けて少し長めの文を読んでみましょう。

TR42

⑨ 라디오에서 아는 노래가 나왔어요.　ラジオから知っている曲が流れました。
⑩ 카메라를 빌려주면 안 돼요?　　　　カメラを貸してもらえませんか？

　上記の例文は、いずれも「固まり」は三つです。それぞれの「向き」は以下のようになります。

⑨ 라디오에서 / 아는 노래가 / 나왔어요.
⑩ 카메라를 / 빌려주면 / 안 돼요?

2 チャレンジ

　それでは、幾つかの例文で練習してみましょう。音声を聞いてスラッシュと波線を自分で書き込み、「ウオーミングアップ」同様に音読練習を行ってみましょう。

[TR43]

⑪ 어제보다 바람이 따뜻하네요.	昨日より風が暖かいですね。
⑫ 거기는 언제나 사람이 많아요.	そこはいつも人が多いです。
⑬ 아름다운 도시예요.	美しい都市です。
⑭ 돌이 많으니까 주의하세요.	石が多いので注意してください。
⑮ 시간이 참 빨라요.	時間は本当に早いですよ。
⑯ 오늘은 고기가 먹고 싶어요.	今日は肉が食べたいです。
⑰ 친구가 오후 두 시쯤 옵니다.	友達が午後2時くらいに来ます。
⑱ 한국어 공부는 삼 년 했어요.	韓国語の勉強は3年やりました。

　音読練習の素材としては、ストーリーのある一定の長さの文章が推奨されることが多いですが、イントネーションの練習をしたい場合は、今回のような短い文で繰り返し確認・練習を行った上で、徐々に長いものに移行する形を取るといいでしょう。

　今回の例文は、『hanaの韓国語単語〈入門・初級編〉ハン検4・5級レベル』という本の中の例文を使用しました。この本の例文は、ハン検4・5級の易しい単語と文法で構成されており、イントネーションの練習におすすめです。

『hanaの韓国語単語〈入門・初級編〉　ハン検4・5級レベル』
（ミリネ韓国語教室著。HANA刊）

韓国語が上達する手帳
2017年度版

2016年12月〜2018年3月

HANA韓国語教育研究会 [編]

韓国語で手帳を書いてみたい人のための、
韓国語学習に効く手帳です！

読者の皆さまの声を受けて
2017年から大幅リニューアル！

ここが新しく便利になりました！！

❶ ビニールカバーに待望の<u>ペン差し＆ポケット</u>が付きました♪
❷ 1本だけだった<u>しおりが2本</u>に♪
❸ 表紙は韓国らしい<u>ポジャギ柄</u>♪
❹ 2017年、2018年の<u>年間カレンダー</u>が付きました♪
❺ マンスリーに、<u>翌月のカレンダー</u>が♪
❻ 単語集に使える<u>「韓流・K-POP用語」</u>が充実♪
❼ TOPIK、ハン検の<u>試験の日程管理</u>ページも♪
❽ 欲しい<u>韓国語学習書をメモ</u>♪
❾ 大好評の<u>方眼メモのページ数大幅アップ</u>♪
❿ 日記に使える<u>「한마디（ひとこと）」例文</u>がより実用的に♪

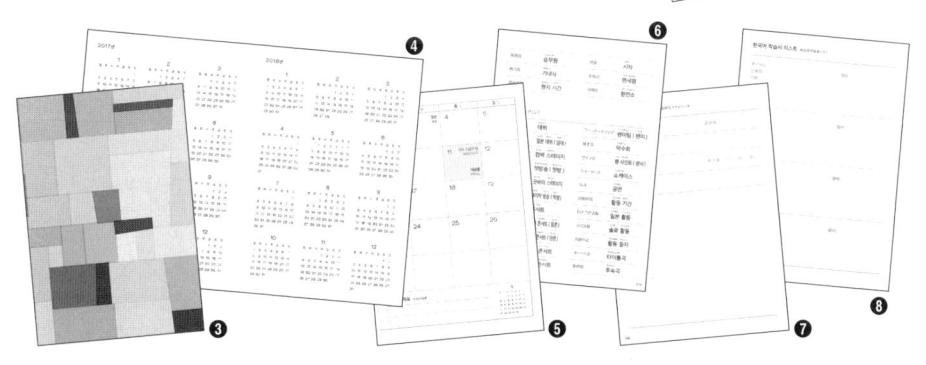

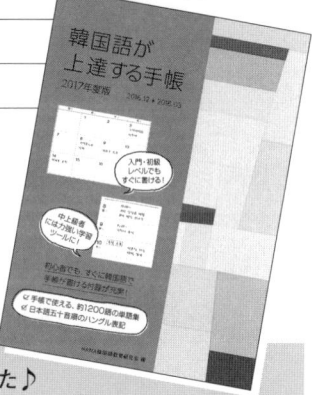

日本人が知らないネイティブの受け答え
こんなとき、どういう？

이럴 땐 어떻게 말하지？

ある状況の中でネイティブがよく使う、
でも学ばないとちょっと分からない気の利いた会話表現を学びます。

第16回 「ごまかすとき／話をそらすとき」 TR44

1 相手の言葉を肯定も否定もできないとき

それはそういうことにして。 → **그건 그렇다 치고.**

完全にそうだと肯定するのではなく、「そういうことにするから、次の話に移ろう」という意味で使います。はた目には同意しているように見えますが、そうでもないという微妙な表現です。

2 面倒な電話を終わらせたいとき

私、ちょっと今、会議中ですので。 → **제가 지금 회의 중이라서요.**

仕事中に携帯の私用電話を受けることがよくある韓国でも、「会議中」と言えば、電話を切らなければならない状況だと理解する傾向があります。업무 중입니다 (仕事中です) という表現も使いますが、これよりも効果的です。

3 両親が何かを催促するとき

それは自分でちゃんとやります。 → **그건 제가 알아서 할게요.**

「いい人はいないのか」「お見合いする気はないか」「早く結婚しなさい」という親の小言に対して、韓国語で最もよく使われる答えが、この알아서 할게요です。

4 客が文句を言い続けるとき

ひとまず承知いたしました。 → **일단은 알겠습니다.**

完全に納得してはいなくても、客に根負けしたときに使う言葉です。この言葉を聞いた相手は、「あなたの心情を理解したので、次の段階の措置に移ります」という意味に受け取るでしょう。

5 しきりに会おうと言ってくる面倒な人に

はい、また後で。 → **네, 나중에요.**

나중에には、実現の可能性があることもないこともある、つまり言った人の気持ち次第という面があります。結果はどっちになるか分かりませんが、その場をやり過ごすには大きな効果があります。

6 ビジネスの提案に対して、あいまいに答えたいとき

検討してみます。 → **검토해 보겠습니다.**

日本語では遠回しな断りの意味にもなり得る回答の「検討してみます」は、韓国語でも同様に使えます。でも、적극적으로（積極的に）や전향적으로（前向きに）などを付けたら、実際に実行に移す可能性が高いというのも共通です。

7 友達がお金を貸してくれと言ってきたとき

（すっからかんで）もう鼻血も出ないよ。 → **먹고 죽을래도 없다.**

この言葉は「（食べる物が全くなくて）食べると死ぬのが明らかな毒薬すらもない」という意味。それほど何もないので、当然貸せるお金もないという意味になります。

8 他の話題に変えたいとき

これは別の話だけど……。 → **이건 딴 얘기인데…**

突然話題を切り替える表現。話題が触れられたくない内容に差し掛かってきたときに役立ちます。他の人の話をおもむろに断ち切るときは、이야기 중에 미안（話の途中にごめん）を付けるといいでしょう。

9 会話を終らせたいとき

さあ、それではそういうことにして（私は）行きます。 → **자, 그럼 그렇게 알고 가겠습니다.**

話を尽くしたはずなのに、遅々として結論がまとまらないときに。「私は言うべきことを全て言いました」という意味で使います。

10 自分の話に話題を変えたいとき

あのさ。 → **나 있잖아.**

自分の話を切り出す前に、温かい感じでワンクッション置く言葉。내가 있잖아、さらには내가の代わりに아빠가、엄마가など、相手から見た自分に言い換えて使うことができます。

多読ライブラリー【初中級】
やさしい韓国語で読む 韓国の文化・風物

韓国の文化や風物を「ハングル」能力検定試験3級の語彙と文法を使った文章で紹介します。CDには朗読音声を収録しました。

[TR45]

보증금 없는 방, 고시원

1　세 **평 안팎**의 공간에 침대 하나, 책상 하나, **미니** 냉장고가 전부인 작은 방, 이것이 보통의 고시원 방이다. **고시**란, **사법**, **행정**, **외무** 등의 고급 공무원이나 **법관**, **검사**, 변호사 자격 시험을 말하는데, **이**들 시험 공부를 하는 사람들이 **다수** 모여 사는 **주거** 시설이 고시원이다. 요즘은 이름도 **다양해져서** 고시텔, 원룸텔, [원눔텔] 리빙텔 등으로도 불린다.

2　드라마 '응답하라 1988'에서 보라(류혜영 **분**)가 사법고시를 [응다파라] 준비하기 위해 들어간 곳이 고시원이었고, 또 다른 드라마 '전설의 마녀'에서는, 풍금(오현경 분)이 집을 **구할** 돈이 없을 때 선 [구할 또니] [선 택한 곳도 고시원이었다. 태칸]

3　고시원은 국가 고시를 준비하는 사람들이 공부에 집중하려고 사는 방이기도 하고, 수험생은 아니지만 **나름**의 사정이 있어 **거주하는** 곳이기도 하다.

4　**예외**도 있지만 대체로 고시원은 **입주할** 때 보증금을 낼 필요 [보증그믈 낼] 가 없다. 때문에, 다른 지방에서 공부나 **취업**을 해야 하는 **젊은**

이, 혹은 가족과 떨어져 살아야 하는 사람, 집과 직장이 먼 사람들이 고시원을 선택한다. **목돈**이 들어가는 다른 집보다 **임시로 머무르기** 좋은 점이 고시원의 **장점**이다. **계약** 기간에 대한 **제약**
[장쩌미다]
이 따로 없어서 단기간만 살아도 문제가 없다.

5   값에 따라서는 창문도 잘 나 있고, 원룸만큼 넓으며 욕실도 **딸**
[잘 라]
린 제법 훌륭한 방도 구할 수 있다. 공동 **주방**이 있어서 **취사**도
[구할 쑤]
가능한데, 고시원 측에서 밥과 김치는 기본으로 제공해 준다.

6   한 건물에 방들이 **다닥다닥** 붙어 많은 사람이 **거주하므로** 나름의 규칙도 있어야 하고, 이를 지키지 않으면 **자칫** 이웃과 **충돌**
[충도]
할 수 있다. 그래서 '**총무**'라고 하는 관리자를 **상주시킨다**.
랄 쑤]   [괄리자]

7   간혹 고시원 **화재**가 뉴스에 나온다. 방이 많고 **통로**가 좁아 한
[만코]   [통노]
번 불이 나면 피해가 크다. 어떤 곳은 옆방 휴대폰 **진동**이 들릴 만큼 방과 방 사이의 벽이 얇고 **재질**도 약하다. 그러나 이런 **약**
[얄꼬]   [야카다]
점에도 불구하고 도시에서 살아가는 현대인에게 현실적인 도움
[현실쩌긴]
을 주는 곳, 더 나은 미래를 바라며 **거쳐** 가는 곳이, 고시원이다.

保証金のない部屋、コシウォン

보증금　保証金
고시원 (考試院)　コシウォン。主に考試を受ける人たちが集まって住む住居
1　평　坪。約3.3平方メートル
안팎　内外。数量の後に使われて「～前後、～ほど」の意味になる
미니　ミニ
고시　考試。国家公務員などになるための資格試験
사법　司法
행정　行政
외무　外務
법관 (法官)　裁判官
검사　検事
이　これ、この人
다수　多数
주거　住居
다양해지다　多様になる。다양하다 (多様だ) に変化を表す -어지다 が付いた形
2　분 (扮)　役者名の後に続けて、その役者が演じていることを表す。「扮する」の「扮」
구하다 (求--)　求める、探す、手に入れる
3　나름　それなり。直前に名詞や動詞の連体形、名詞形が来て「～なり」の意味を表すことが多いが、ここでは単独で「それなり」の意味
거주하다　居住する
4　예외　例外

입주하다 (入住--)　入居する
취업 (就業)　就職
젊은이　若者。이が「人」を表し、젊은이で「若い人」という意味
목돈　まとまったお金
임시　臨時
머무르다　とどまる、滞在する
장점 (長点)　長所
계약　契約
제약　制約
5　딸리다　付く、付属する
주방　厨房
취사　炊事
6　다닥다닥　多くのものが一つの場所に集まっている様子。鈴なりに
-므로　～するので
자칫　ふとしたことで、ややもすると
충돌하다　衝突する
총무　総務
상주시키다　常駐させる
7　간혹 (間或)　たまに、時折
화재　火災
통로　通路
진동　振動、バイブレーション
재질　材質
약점　弱点
～에도 불구하고 (-- 不拘--)　～にもかかわらず
거치다　立ち寄る、経由する

1. 3坪ほどの空間にベッド一つ、机一つ、ミニ冷蔵庫が全てという小さい部屋、これが普通のコシウォンの部屋だ。コシ（考試）とは、司法、行政、外務などの高級公務員や裁判官、検事、弁護士の資格試験のことをいうが、これらの試験勉強をする人たちが多数集まり住む住居施設がコシウォンだ。最近は、名前も多様になり、コシテル、ワンルームテル、リビングテルなどとも呼ばれる。
2. ドラマ「応答せよ1988」でボラ（リュ・ヘヨン）が司法試験の準備をするために入った所はコシウォンだったし、また、ドラマ「伝説の魔女 ～愛を届けるベーカリー」でプングム（オ・ヒョンギョン）が家を借りるお金がない時に選んだ所もコシウォンだった。
3. コシウォンは国家試験の準備をする人たちが勉強に集中するために住む部屋でもあり、受験生ではないがそれなりの事情があって住む場所でもある。
4. 例外もあるが、大体のコシウォンは入居する時に保証金を払う必要がない。そのため、他の地方で勉強や就職をしなければならない若者、もしくは家族と離れて暮らさなければならない人、家と職場が遠い人たちがコシウォンを選択する。まとまったお金がかかる他の家よりも臨時で滞在しやすい点がコシウォンの長所だ。契約期間に対する制約が別途ないので、短期間のみ住んでも問題ない。
5. 価格によっては窓もちゃんとあり、ワンルームほどの広さで浴室も付いた、それなりに立派な部屋も借りることができる。共同の台所があって炊事も可能だが、コシウォン側でご飯とキムチは基本的に提供してくれる。
6. 一つの建物に部屋が鈴なりになってたくさんの人が住んでいるので、それなりの規則もあり、これを守らなければ隣人とちょっと衝突することもある。そのため、「総務」という管理者を常駐させている。
7. 時折、コシウォンの火事のニュースに出くわす。部屋が多く通路が狭いので、一度火が出ると被害が大きい。ある所は隣の部屋の携帯電話の振動が聞こえるほど部屋と部屋の間の壁が薄く、材質も弱い。しかし、このような弱点にもかかわらず、都市で暮らす現代人にとって現実的な手助けをしている場所、より良い未来を願いながら立ち寄っていく場所が、コシウォンだ。

多読ライブラリー【初中級】
やさしい韓国語で出会う 韓国の人物

日本ではあまり知られていない韓国の人物に、「ハングル」能力検定試験3級レベルのやさしい韓国語の文章を通じて出会ってみましょう。CDには朗読音声を収録しました。

TR46

너도 옳고, 너도 옳다. 황희

1 황희는 한국인이 **오늘날**까지 **존경하는 재상**이다. **청백리**이며, **원칙**과 **소신**을 지녔으면서 **너그러움**을 함께 **갖춘** 인물이었다.
[오늘랄]　　　　　　　　　　　　　　[청뱅니]

2 정치에서는 **강직하여 직언**을 서슴지 않았다. **일례로**, 세종이 **즉위하**
[강지카여]
기 전, 세종의 형인 **양녕대군**이 **세자**의 자리에서 **폐위될 위기**에 **처하자**, 황희는 죽음을 **무릅쓰고** 폐위의 **부당함**을 **호소했다**. 양녕의 **사람됨**과 정치적 **역량**을 높이 샀기 때문이다. **이로 인해** 유배를 가게 되었
　　　　　　　[영냥]
지만 **훗날** 임금의 자리에 오른 세종이 그를 다시 불러 재상으로 **중**
　　　[훈날]
용했다.

3 **공무 집행** 태도의 **청렴함**은 많은 기록이 있는데 **사사로운** 차 한 잔
　[지팽]　　　　[청녀마믐]
이나, 단 한 **모금**의 술도 **용납하지** 않았고, **관리**들에게 원칙에 따른
　　　　　　　　　　　[용나파지]　　　[괄리]
직무 수행을 요구했다고 전해진다.
[징무]

4 황희에 관한 **일화** 중 가장 유명한 한 가지가 있다. 어느 날, 집 마
　　　　　　　　　　　　　　　　　　　　　　　　　　　　　[짐 마
당에서 **다투는** 소리가 나기에 이유를 물으니, **여종** 하나가 "**아무개가**
당]
저와 이러러러한 이유로 싸웠습니다. 아무개는 아주 나쁜 **년입니다**."
라고 했다. 황희는 "그래, 네 말이 **옳다**."라고 했다. **다른 여종**도 아까
　　　　　　　　　　　　　　　　[올타]　　　　　[다른 녀종]

Profile

황희 (黃喜。1363~1452年)。高麗の開京 (現在の開城) に生まれる。1389年に科挙に及第し、高麗の官吏となるが、1392年に李成桂が高麗を滅ぼして朝鮮王朝を建てると、出仕を拒否して隠居。その後、同僚と李成桂の説得により再び官吏となり、さまざまな職位を歴任する。1413年から18年にかけ、第3代王の太宗が、息子である譲寧大君の世子廃位とその弟の忠寧大君 (世宗) への世子冊封の動きを見せると、これにたびたび異を唱えて王の怒りを買い、最終的に配流となる。しかし王へと即位した世宗は、自らの世子冊封に反対していた人物である黄喜をその人柄を信頼して1422年に呼び戻し、再び官吏に登用する。世宗の信頼を得た黄喜は昇進し、官職の最高位である領議政を1431年から18年間務め、1449年に引退する。清廉潔白な官吏として広く知られる。

와 똑같은 말을 했다. **그러자** 황희는 이번에도 "그래, 네 말이 옳다." 라고 했다. 이를 지켜본 사람이 "두 사람의 말을 듣고 다 옳다고 하시니, 도대체 어느 것이 옳은 것입니까? 제 생각에는 저 사람이 틀리고 저 사람이 **옳은 듯합니다**.
[드탐니다]
"라고 했다. 그러자 황희는 또 "그래, 네 말이 옳다."라고 했다.

5　이 일화에서 황희는 세상의 일을 한쪽으로 **치우쳐서** 보지 않아야 한다는 **교훈**을 남겼다. 이는 다른 사람의 **입장**을 충분히 **헤아려야** 한다는 뜻이기도 하다.

お前も正しく、お前も正しい。黄喜

1　오늘날　今日、今、現在
　　존경하다　尊敬する
　　재상　宰相
　　청백리（清白吏）　清廉潔白な官吏
　　원칙　原則
　　소신　所信
　　너그러움　おおらかさ。너그럽다（おおらかだ、寛容だ）から派生した名詞
　　갖추다　持っている、備える
2　강직하다　剛直だ
　　직언　直言
　　서슴다　ためらう、はばかる
　　일례　一例
　　즉위하다　即位する
　　양녕대군　讓寧大君。世宗の兄で、本名を李禔（이제）という。奔放な行動により、世子（王位継承者）の位を廃位された後、譲寧大君に封ぜられた
　　세자　世子。왕세자（王世子）ともいう。王位継承者の称号
　　폐위되다　廃位される
　　위기　危機
　　처하다（処--）　（ある状況に）置かれる、直面する
　　무릅쓰다　冒す、押し切る。죽음을 무릅쓰고で「死を賭して、命を懸けて」という意味
　　부당함　不当であること、不当性。부당하다（不当だ）から派生した名詞
　　호소하다（呼訴--）　訴える
　　사람됨　人となり
　　역량　力量
　　이로 인해（-- 因-）　これにより

　　유배（流配）　配流、流刑
　　훗날（後-）　後日、後に
　　임금　王、君主
　　중용하다　重用する
3　공무　公務
　　집행　執行
　　청렴함　清廉さ。청렴하다（清廉だ）から派生した名詞
　　사사롭다（私私--）　私的だ、個人的だ
　　모금　一度に口に含むことのできる量。한 모금で「ひと口」の意味
　　용납하다（容納--）　広い心で受け入れる、容認する、許す
　　관리　官吏
　　직무　職務
　　수행　遂行
4　일화　逸話
　　다투다　言い争う、けんかする
　　여종（女-）　女の召使い。종は「召使い」という意味
　　아무개　誰それ、なにがし。人物を特定せず呼ぶ言い方
　　년　女性をののしって言う言葉
　　그러자　すると、そうすると
　　-은 듯하다　～なようだ、～に見える
5　치우치다　偏る
　　교훈　教訓
　　입장　立場
　　헤아리다　察する、おもんぱかる

1. 黄喜は、韓国人が今に至るまで尊敬している宰相である。清廉な官吏であり、原則と所信を持ちながらもおおらかさを共に備えた人物であった。
2. 政治においては剛直で、直言をためらわなかった。一例として、世宗が即位する前、世宗の兄である譲寧大君が世子の位から廃位される危機に立たされると、黄喜は死を賭して廃位の不当性を訴えた。譲寧の人となりと、政治的力量を高く買っていたためである。これにより流刑に処せられることとなったが、後に王の座に就いた世宗が彼を呼び戻し、宰相として重用した。
3. 公務執行態度の清廉さは多くの記録があるが、私的な茶の1杯や、たったひと口の酒も容認せず、官吏たちに原則に沿った職務遂行を要求したと伝えられる。
4. 黄喜に関する逸話の中で最も有名な、とある話がある。ある日、家の庭から言い争う声がしたので理由を聞くと、下女の一人が「誰それが、私とこれこれの理由でけんかしました。誰それはとても悪い女です」と言った。黄喜は「うん、お前が正しい」と言った。他の下女も、先ほどとまったく同じことを言った。すると黄喜はここでも「うん、お前が正しい」と言った。これを見ていた人は「二人の言い分を聞いてどちらも正しいとおっしゃいますが、いったいどちらが正しいのですか？　私の考えでは、あの者が間違っておりあの者が正しいように思います」と言った。すると黄喜はまた「うん、お前が正しい」と言った。
5. この逸話で黄喜は、世の出来事を一方に偏って見てはならないという教訓を残した。これは、他の人の立場を十分に理解しなければならないという意味でもある。

多読ライブラリー【中級】
原文で読む 韓国の名作

韓国の名作を選んで掲載し、原文の味わいを楽しめるようにしました。なお、CDのリスニングプログラム「hana+one」の中に、イム・チュヒ氏による朗読を収録しました。

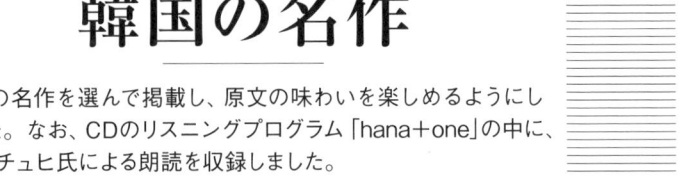

[TR21]

하느님의 눈물 / 권정생

1　눈이 노랗고 털빛도 노란, 돌이 토끼는 산에서 살았습니다. 그러니까 돌이 토끼는 산토끼**인 셈이죠**.
　　[노라코]　[털삗]

2　어느 날 돌이 토끼는, 문득 생각했습니다.
　　　　　　　　　　　　　　　[생가갣씀니다]

3　'**칡넝쿨**이랑 **과남풀**이랑 **뜯어** 먹으면 맛있지만 **참말** 마음이 **아프구나**. 뜯어 **먹히는** 건 모두 **없어지고 마니까**.'
　[칡넝쿠리랑]　　　　　　　　　　　　　　　　　　　
　　　　　　　　　[머키는]

4　돌이 토끼는 **중얼거리면서** 하얀 **이슬**이 **깔린 산등성이**로 뛰어갔습니다.

5　'하지만 오늘도 난 먹어야 **사는걸**. 이렇게 배가 **고픈걸**.'
　　　　　　　　　　　　　　　　　[이러케]

6　돌이 토끼는 뛰어가던 **발걸음**을 멈추었습니다. 그리고는 둘레를
　　　　　　　　　　　　[발꺼름]
가만히 살펴보았습니다. **쪼꼬만** 아기 **소나무** 곁에 **풀무꽃풀**이 이제 떠오르는 아침 **햇살**을 맞으며 앉아 있었습니다.

7　돌이 토끼는 풀무꽃풀 곁으로 다가갔습니다.

8　"풀무꽃풀아, 널 먹어도 **되니**?"

9　풀무꽃풀이 깜짝 놀라 쳐다봤습니다.
　　　　　　　[깜짝 놀라]

10　"……"

Profile

권정생(権正生=クォン・ジョンセン)。1937年東京生まれ。1946年、日本から朝鮮半島へと渡り、68年、慶尚北道安東の村に定着して村の教会の鐘突きとなる。69年、月刊『기독교 교육(キリスト教教育)』に童話『강아지똥(こいぬのうんち)』を発表し、同誌の第1回児童文学賞を受賞する。その後、童話作家として活動を始め、童話『사과나무밭 달님(りんご畑のお月さま)』『하느님의 눈물(神様の涙)』や小説『몽실 언니(モンシル姉さん)』『초가집이 있던 마을(わら屋根のある村)』など、数多くの作品を発表する。結核などの病に苦しみながら、教会裏の小さな部屋で作品を書き続けた。2007年没。

11　"널 먹어도 되는가 물어봤어. 어떡하겠니?"
[어떠카겐니]

[TR22]

12　풀무꽃풀은 **바들바들** 떨었습니다.

13　"갑자기 그렇게 물으면 넌 뭐라고 대답하겠니?"
[그러케]　　　　　　　　　　　　[대다파겐니]

14　바들바들 떨면서 풀무꽃풀이 **되물었습니다**.

15　"……"

16　이번에는 돌이 토끼가 **말문이 막혔습니다**.
[마켠씀니다]

17　"**죽느냐** 사느냐 하는 대답을 제 입으로 말할 수 있는 사람이 이
[중느냐]　　　　　　　　　　　　　　　　　　[마랄 쑤] [인는]
세상에 몇이나 있겠니?"

18　"정말이구나. 내가 잘못했어, 풀무꽃풀아. 나도 그냥 먹어 **버리**
[잘모태써]
려니까 안되어서 물어본 거야."

19　"차라리 **먹으려면** 묻지 말고 그냥 먹어."

20　풀무꽃풀이 **꼿꼿한** 목소리로 말했습니다. 먹힌다는 것, 그리고
[꼳꼬탄]
죽는다는 것, 모두가 **운명**이고 **마땅한** 일인 것입니다.
[마땅한 니린]

21　돌이 토끼는 눈을 깜빡거리다가 말없이 **돌아섰습니다**. **깡충깡충**

하느님의 눈물 / 권정생

뛰어서 풀밭 사이로 갔습니다. **댕댕이 덩굴**이 **얽혀** [얼켜] 있었습니다. 잠깐 쳐다보다가 말없이 돌아섰습니다.

22 '댕댕이도 먹을까 물으면 역시 무서워할 거야.' [무서워할 꺼야]

23 돌이 토끼는 **갈매** 덩굴 **잎사귀** 곁에 가서도 **망설이다가** 돌아섰습니다. **바디취** 나물도 못 먹었습니다. [몬 머걷씀니다] **고수대** 나물도, **수리취** 나물도 못 먹었습니다.

TR23

24 **한낮**이 되었습니다. 그리고 저녁때가 되었습니다.

25 **해님**이 **서산** 너머로 **넘어가고** 있었습니다.

26 "해님 아저씨, 어떡해요? [어떠캐요] 나 아직 아무것도 못 먹었어요."

27 "왜 아무것도 못 먹었니?"

28 해님이 눈이 **둥그래져서** 물었습니다.

29 돌이 토끼는 오늘 하루 동안 [하루 똥안] **겪은** 애기를 **죄다** 들려주었습니다.

30 "정말 넌 착한 [차칸] 아이**로구나**. 하지만, 먹지 않으면 **죽을 텐데 어쩌지**."

31 해님이 걱정스레 말했습니다.

32 "차라리 죽는 것이 낫겠어요. 괴롭지**만** 않다면 [안타면] 죽어도 좋아요."

33 돌이 토끼는 **기어코** 눈물을 **줄줄** 흘리며 울고 말았습니다.

34 해님도 **덩달아** 울고 싶어졌습니다. 그래서 얼굴이 **새빨개진 채** 서산 너머로 넘어갔습니다.

35 **사방**이 어두워지고 하늘에 **별님**이 [별리미] **반짝거리며** 나왔습니다.

36 돌이 토끼는 자꾸자꾸 울다가 잠시 눈을 떠 하늘을 쳐다봤습니다. 수많은 별빛이 반짝거리고 있었습니다.
[별삐치]

TR24

37 돌이 토끼는 말했습니다.
38 "하느님, 하느님은 무얼 먹고 **사셔요**?"
39 어두운 하늘에서 부드러운 **음성**이 들렸습니다.
40 "**보리수** 나무 이슬하고 바람 한 **줌**, 그리고 아침 햇빛 조금 마시고 살지."
41 "어머나! 그럼 하느님, 저도 하느님처럼 보리수 나무 이슬이랑, 바람 한 줌, 그리고 아침 햇빛을 먹고 살아가게 해 주셔요."
42 "그래, 그렇게 해 주지. 하지만, 아직은 안 **된단다**. 이 세상 모든 사람들이 너처럼 남의 목숨을 소중히 **여기는** 세상이 오면, 금방 그렇게 될 수 있단다."
43 "이 세상 사람들 모두가요?"
44 "그래, 이 세상 사람 모두가."
45 하느님이 힘주어 말했습니다. 그리고는 잠시 사이를 두었다가 다시 말했습니다.
46 "하지만, 내가 이렇게 **애타게 기다리는데도** 사람들은 **기를 써**가면서 남을 **해치고** 있구나."
47 돌이 토끼 얼굴에 물 한 **방울**이 떨어져 내렸습니다. 하느님이 흘린 눈물이었습니다.

神様の涙 / クォン・ジョンセン

하느님　神様
1 -ㄴ 셈이다　～というわけだ、～ということだ
칡넝쿨　クズのつる。칡はクズ、넝쿨は植物のつるのこと
과남풀　リンドウ、エゾリンドウ
뜯다　ちぎる、むしり取る、摘む
참말　本当に、実に
-구나　～だなあ
먹히다　食べられる、食われる
-고 말다　～してしまう
4 중얼거리다　ぶつぶつ言う、つぶやく
이슬　露
깔리다　敷かれる
산등성이(山---)　尾根
5 -는걸　～するんだ、～するんだよ
-ㄴ걸　～なんだ、～なんだよ
6 발걸음　足取り
쪼꼬맣다　少し小さい、ちょっと小さい。조그마하다 (少し小さい) という形容詞があり、쪼그마하다や쪼끄마하다のように子音を交替させることでニュアンスの違いを表す。標準語では쪼끄마하다およびその縮約形の쪼끄맣다が正しく、쪼꼬마하다 (쪼꼬맣다) の形は間違いとされるが、こちらの形もよく使われる
소나무　松
풀무꽃풀　プルムコップル。植物の名前
햇살　日差し
8 -니　～するかい、～かい
12 바들바들　ぶるぶる
14 되묻다　聞き返す

16 말문이 막히다 (-門- ---)　言葉が出なくなる、言葉を失う。말문は口のことを門に見立てた言い方で、말문을 열다 (口を開く、口を割る) のようにも使う
17 -느냐　～するのか
18 -려니까　～しようとしたら、～しようと思ったら
19 -으려면　～しようとするなら、～しようと思うなら
20 꼿꼿하다　真っすぐだ、背筋が伸びている
운명　運命
마땅하다　ふさわしい、当然だ
21 돌아서다　振り返る、背を向ける
깡총깡총　ぴょんぴょん。跳ねる様子を表す。標準語では깡충깡충が正しいとされるが、깡총깡총の形もよく使われる
댕댕이　アオツヅラフジ
덩굴　넝쿨と同じ意味で、植物のつるのこと
얽히다　絡み合う、もつれる
23 갈매　クロウメモドキ
잎사귀　葉、葉っぱ
망설이다　ためらう、迷う
바디취　ノダケ
고수대　イワゴゴメナデシコ
수리취　ヤマボクチ
24 한낮　真昼
25 해님　お日さま
서산(西山)　西の山
넘어가다　越えていく。太陽が山の向こう側へと越えたら日が沈むことを意味

するので、ここでは「沈む」とした
28 **둥그래지다** 丸くなる。**둥그렇다**（丸い）に変化を表す-**어지다**が付いている。現在の正書法では**둥그레지다**とつづるのが正しい
29 **겪다** 経験する、経る
죄다 みんな、すっかり
30 **-로구나** 〜だなあ。指定詞にのみ付く語尾。-**구나**とほぼ同じ意味だが、古風で格式のある形
-을 텐데 〜するだろうに、〜するだろうけど
어쩌다 どうする
32 **〜만** 〜さえ。**괴롭지 않다**の間に挿入されて使われている
33 **기어코**（期於-） とうとう、ついに
줄줄 液体が絶えず流れる様子。ざあざあ、だらだら
34 **덩달아** つられて
새빨개지다 真っ赤になる。**새빨갛다**（真っ赤だ）に変化を表す-**어지다**が付いた形
-ㄴ 채 〜したまま

35 **사방** 四方
별님 お星さま
반짝거리다 きらめく、ぴかぴかする
38 **-셔요** 尊敬の-**시**-に-**어요**が付いた形。一般に-**세요**がよく使われるが、この形もある
39 **음성** 音声、声
40 **보리수** 菩提樹（ぼだい）
줌 一握りの分量を表す。**한 줌**で「一握り、少しの量」の意味
42 **-ㄴ단다** 〜するんだよ。本来は-**다고 한다**（〜だそうだ）の縮約形だが、子どもに言い聞かせるときにこの形でよく使う
여기다 思う、感じる
46 **애타다** 心を焦がす、気苦労する、気をもむ
-는데도 〜するのに、〜しているのに
기를 쓰다（気- --） 躍起になる、力を込める、必死になる
해치다（害--） 害する、傷つける
47 **방울** しずく。**한 방울**で「 1 滴、ひとしずく」の意味

神様の涙 / クォン・ジョンセン

1. 目が黄色くて毛の色も黄色い、ウサギのトリは山に住んでいました。つまり、トリは野ウサギということです。
2. ある日、トリは、ふと思いました。
3. 「クズのつるやリンドウを摘んで食べるとおいしいけど、本当に心が痛いや。摘まれて食われたのはみんななくなってしまうから」
4. トリはぶつぶつ言いながら白い露が敷かれた尾根に走っていきました。
5. 「だけど、今日も僕は食べなきゃ生きられない。こうしておなかがすいているんだから」
6. トリは走るのをやめました。そして、周りを静かに見ました。小さな子どもの松の木の横に、プルムコップルが昇り始めた朝日を浴びながら座っていました。
7. トリはプルムコップルのそばに近づきました。
8. 「プルムコップル君、君を食べてもいいかい?」
9. プルムコップルはびっくりして見上げました。
10. 「……」
11. 「君を食べてもいいか聞いたんだ。どうする?」
12. プルムコップルはぶるぶる震えました。
13. 「突然そんなふうに聞かれて、君だったら何と答えると思う?」
14. ぶるぶる震えながらプルムコップルは聞き返しました。
15. 「……。」
16. 今度はトリが言葉を失いました。
17. 「生きるか死ぬかという答えを自分の口で言える人がこの世に何人いると思う?」
18. 「本当だね。僕が間違ってたよ、プルムコップル君。僕もそのまま食べてしまおうと思ったらかわいそうになって、聞いてみたんだ」
19. 「いっそ、食べるなら聞かずにそのまま食べてよ」
20. プルムコップルは真っすぐな声で言いました。食べられるということ、そして死ぬということ、全てが運命であり、当然のことなのです。
21. トリは目をぱちぱちさせていましたが、何も言わずに背を向けました。ぴょんぴょん跳ねて、草むらの中へと向かいました。アオツヅラフジのつるが絡まっていました。少し見つめていましたが、何も言わずに背を向けました。
22. 「アオツヅラフジも食べようかと聞いたらやはり怖がるだろう」
23. トリはクロウメモドキの葉のそばに行っても、ためらっていましたが背を向けました。ノダケも食べられませんでした。イワコゴメナデシコもヤマボクチも食べられませんでした。
24. 真昼になりました。そして、夕方になりました。
25. お日さまが西の山の向こうに沈もうとしていました。
26. 「お日さまのおじさん、どうしよう? 僕、まだ何も食べていません」
27. 「どうして何も食べていないんだい?」
28. お日さまは目を丸くして聞きました。
29. トリは、今日1日あったことを全て聞かせ

てあげました。
30「本当に君は優しい子だね。だけど、食べなかったら死ぬだろうに、どうしよう」
31 お日さまは心配そうに言いました。
32「いっそのこと、死んだ方がましです。苦しくさえなければ死んでもいいです」
33 トリはついに涙をぽろぽろ流しながら泣いてしまいました。
34 お日さまもつられて泣きたくなりました。そのため、顔が真っ赤になったまま、西の山の向こうに沈みました。
35 四方が暗くなり、空にお星さまがきらめきながら出てきました。
36 トリはしきりに泣いて、しばし目を開けて空を見上げました。多くの星の光がきらめいていました。
37 トリは言いました。
38「神様、神様は何を食べて生きているんですか?」
39 暗い空から柔らかい声が聞こえました。
40「菩提樹(ぼだい)の木の露と少しの風、そして朝日を少し飲んで生きているよ」
41「わあ! それでは神様、僕も神様のように菩提樹の木の露と、少しの風、そして朝日を食べて生きていけるようにしてください」
42「よし、そうしてやろう。だけど、まだ駄目だ。この世の全ての人が、君のように他人の命を大切に思う世の中が来たら、すぐにそうなれるんだよ」
43「この世の人、全てがですか?」
44「ああ、この世の人、全てが」
45 神様は力を込めて言いました。そして、しばらく間を置いてまた言いました。
46「だが、私がこんなに待ち焦がれているのに、人は必死になって他人を傷つけているんだ」
47 トリの顔に1滴の水が落ちてきました。神様が流した涙でした。

HANAの最新刊！

ソウル大学の韓国語
はじめてのTOPIK II

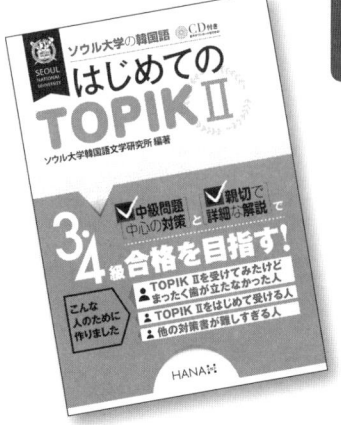

ソウル大学韓国語文学研究所 [編著]

ISBN978-4-295-40001-1　本体2,200円＋税
A5判／280ページ／CD1枚付き

こんな人におススメ！

- これから初めてTOPIK IIの受験準備をする。
- TOPIK IIを受けたけど歯が立たなかった……。
- TOPIK IIの対策書を買ったけど難しすぎる……。

▼

中級に絞った対策で、3・4級合格を目指す！

2014年に改訂が行われたTOPIK IIでは、3・4級合格が目標になる中級レベルの学習者も、最上級を目指す受験者と同じテストを受けなければなりません。そのため試験対策に苦労している人が多いのも事実です。そこで本書は、TOPIK IIに出題される問題のうち、中級レベルの問題を中心とした、二つの「短縮版」試験問題を提供し、的を絞った対策を行います。試験形式で解いて腕試しをすることも、1問ずつ、解説を読みながら解き進めていくことも可能な構成になっています。

※本書は韓国の名門、ソウル大学の講師陣が総力を挙げて開発したTOPIK II対策書です。
※CD1枚が付録となっています。音声のスピードは実際のTOPIK IIよりも遅くなっています。

+one 플러스 원

イム・チュヒの hana + one

TR01-03	今韓国で話題の「アジェ」	☞P.090
TR04-07	hana NEWS DIGEST ☞P.094	（関連記事☞P.042）
TR08-09	一橋大学准教授、クォン・ヨンソク氏インタビュー	☞P.097
TR10	「アジェブーム」の背景１〜男性像の変化	☞P.099
TR11-13	「アジェブーム」の背景２〜世代間コミュニケーションの試み	☞P.101
TR14-16	「アジェブーム」の背景３〜1980、90年代に対するノスタルジー	☞P.107
TR17-19	イム・チュヒの「アジェギャグ」講座	☞P.112
TR20	朗読で味わう韓国の名作	☞P.117
TR21-24	朗読『神様の涙』クォン・ジョンセン	☞P.118
TR25	エンディング	☞P.123

学習用音声素材

TR26-29	hana NEWS DIGESTスロー音声	☞P.042
TR30-32	ゆうきの街とーく韓国語 VOICE OF SEOUL！	☞P.048
TR33-39	これだけ覚えて！擬声語・擬態語	☞P.054
TR40-43	はじめての音読	☞P.066
TR44	こんなとき、どういう？	☞P.070
TR45	やさしい韓国語で読む韓国の文化・風物	☞P.072
TR46	やさしい韓国語で出会う韓国の人物	☞P.076

「hana+one」記事に関して
1）正書法よりも実際の音声を優先して書き起こしている箇所があります。
2）会話内容を理解するのに支障にならない範囲で、相づちや間投詞などを書き起こしに反映していない部分があります。
3）あらかじめ準備した原稿を読み上げる方式でなく、自然に行われた発話・対話を収録しているため、発音、文法上の誤りを犯すことがあります。そのような部分も音声に基づいて記しました。
4）日本語の訳は、原則として大きな意訳は行わず直訳を行いました。

» 今韓国で話題の「アジェ」

TR01

내레이션: 말과, 사람과, 마음과 만날 수 있는 프로그램. 임주희의 〈hana+one〉

ナレーション:「言葉」と「人」と「心」と出会えるプログラム。イム・チュヒの「hana+one」

임주희: 여러분 안녕하세요? 임주희입니다. 요즘 한국의 4, 50대 중년 남자들이 굉장히 쿨한 모습으로 바뀌고 있다**구** 하네요. **일명** '아재'라고 하는데요. 이 한국의 중년 아재들이 점점 멋있어지면서 '아재 **코드**'가 유행을 하고 있답니다. 물론 이 40대나 50대는 20대나 30대가 따라올 수 없는 성숙한 중년미가 넘치는 세대이기는 하지요.
 그런데요, 이 아재 코드가 이렇게 인기를 모으고 있는 데는요, **아저씨**들의 **썰렁한** 개그가 중요한 역할을 하고 있다네요. 지금 여러분께서도 한국어를 공부하고 계시니까 동음이의어로 가득 차 있는 아재 개그에 관심이 있으실 거라 생각돼서 나중에 소개해 드릴 생각인데요.
 근데요, 역시 그 아재 개그의 분위기라는 게 일본에서 중년들이 **읊어 대는** 바로 '샐러리맨川柳', 샐러리맨들의 풍자랑 비슷하지 않을까요? 따뜻하게 느껴지기는 하지만 글쎄요, 쿨하다고 할 수 있을지 …. 네, 이 점 점 점은, 제가 잠깐 좀 **망설이고** 생각하는 그런 시간이었습니다.

イム: 皆さん、アンニョンハセヨ？ イム・チュヒです。このごろ韓国の40、50代の中年男性たちが、ものすごくクールな姿に変わっているといいます。またの名を「アジェ」というんですが。この韓国の中年のアジェたちがだんだんかっこよくなり、「アジェコード」が流行をしているそうです。もちろんこの40代や50代は、20代や30代が付いてこられない、成熟した中年の美があふれる世代ではありますよね。
 ところで、このアジェコードがこんなに人気を集めているのには、おじさんたちの寒いギャグが重要な役割をしていると言います。今皆さんも韓国語を勉強していらっしゃるので、同音異義語でぎっしり詰まっているアジェギャグに関心がおありだろうと思われるので、後でご紹介するつもりです。
 ところで、やはりそのアジェギャグの雰囲気というのは、日本で中年(の人)たちがしきりに詠む、すなわち「サラリーマン川柳」、サラリーマンの風刺と似ているのではないでしょうか？ 温かく感じられはするのですが、そうですね、クールといえるかどうか……。この点、点、点は、私がしばしちょっとためらって考える、そんな時間でした。

네, 원래는요, KBS의 인기 개그 프로그램인 〈개그 콘서트〉, 일명 개콘의 〈아저씨〉라는 코너, 또 SBS의 〈웃음을 찾는 사람들〉, **웃찾사**가 인기를 끌기 시작하면서부터 인터넷에서 오리지널 〈아재 개그〉를 서로 공유하다가 어쩜 아저씨들이 좀 쿨한 존재일지도 모른다는 분위기가 **조성된** 거 같은데요.

本来はKBS放送の人気ギャグ番組である「ギャグコンサート」、別名をギャコンの「アジョシ」というコーナー、さらにSBS放送の「笑いを探す人々」、ウッチャッサが人気を集め始めてから、インターネットでオリジナルの「アジェギャグ」を互いに共有しているうちに、ひょっとするとおじさんたちがちょっとクールな存在かもしれないという雰囲気が醸し出されたようです。

[TR02]

임주희: 근데요, 이 아재라는 말 아세요? 아저씨를 좀 **낮춰서** 칭하는 경상도 사투리지요. 왠지 따뜻한 느낌이 드는 아재라는 말과 불어로, 프랑스말이요, '너무나도 치명적인 매력을 갖고 있어서 **빠져들** 수밖에 없는 남성'이란 뜻의 '옴므 파탈'이란 말이 합쳐져서 지금은 '아재 파탈'이란 말까지 생길 정도로 사회적인 현상을 **일으키고** 있답니다.

좀 전까지만 해도 이 4, 50대 아

イム：ところでこのアジェという言葉、ご存じですか？ おじさんをちょっと見下げて称する慶尚道の方言ですね。なぜか温かい感じがするアジェという言葉と、仏語で、フランス語ですよ、「あまりにも致命的な魅力を持っているので、魅了されるしかない男性」という意味の「オムファタール」という言葉が合わさって、今は「アジェファタール」という言葉まで生まれるほど、社会的な現象を起こしているそうです。

少し前までは、この40、50代のおじさん

~구 ~고のこと。~して
일명（一名） またの名、別名
아재 慶尚道の方言で、아저씨（おじさん）のこと。아저씨よりも重みがなく、親近感がある表現。「アジェ、おじさん」とした
코드 コード、規則、暗号、符号
아저씨 おじさん、アジョシ
썰렁하다 ひやりとする、寒々しい
읊다 詠む、吟ずる、誦する
-아/어 대다 （動詞に付いて）程度の激しさを表す。~したてる、~し散らす
망설이다 ためらう、ちゅうちょする
웃찾사 웃음을 찾는 사람들の頭文字をつなげた縮約語。「ウッチャッサ」とした
조성되다（造成--） 醸成される、醸し出される
낮추다 （人を）見下げる、おとしめる
빠져들다 （景色や異性などに）魅了される
일으키다 起こす、引き起こす

저씨들을 '개'라는 단어와 '아저씨'를 붙여서 '개저씨'라구 불렀는데요. 이렇게 달라지다니 정말 좀 저는 신기하네요.

네, 이렇게 인터넷 상에서 뜨거워진 인기가 지금은 실제 한국 사회에까지도 영향을 미치고 있다고 합니다. 백화점을 비롯해서요, 다양한 곳에서 중년 남성을 **타깃**으로 한 전용 공간이 생겼다구 하지요. 예를 들면요, 제가 여러 가지 기사를 읽다가 눈에 띈 게 '일렉트로마트 **판교점**'이라구 있더라구요. 이 일렉트로마트 판교점에는요, 4, 50대 남성을 대상으로 한 가전제품 코너부터 패션, 또 뷰티 관련 제품 코너, 아, 그리구 혼자서 간단한 음료나 술을 즐길 수 있는 바, 남성 전용 미용실, 또 드론이나 RC카를 체험할 수 있는 코너, **수제** 맥주 시음 코너 등이 생겨서 아재들로부터도 높은 지지를 받고 있다고 합니다.

또 지금은요, 찢어진 빈티지 청바지를 **멋들어지게** 입는 아재들도 많이 볼 수 있다는데요. 저도 신문에서 보통 중년 아저씨들의 멋진 패션을 봤어요. 정말 아주 멋있더라구요. 그리고 이렇게 멋진 빈티지 청바지를 입기 위해서 열심히 다이어트를 하는 아재들도 급증하고 있답니다.

たちを「ケ」という単語と「アジョシ」をくっ付けて、「ケジョシ」と呼んでいたのですが。こんなに変わるとは、本当にちょっと、私は何とも不思議です。

このようにインターネット上で熱くなった人気が、今は実際に韓国の社会にまでも影響を及ぼしているそうです。デパートをはじめとして、いろいろな所で中年の男性をターゲットにした専用の空間ができたそうですよ。例えばですね、いろいろな記事を読んで目に付いたのが、「エレクトロマート板橋店」というのがあるそうです。このエレクトロマート板橋店には、40、50代の男性を対象にした家電製品コーナーからファッション、またビューティー関連製品コーナー、そして一人で簡単な飲み物やお酒を楽しめるバー、男性専用美容室、さらにドローンやラジコンカーを体験できるコーナー、手造りビール試飲コーナーなどができて、アジェたちからも高い支持を受けているそうです。

その上このごろは、破れたビンテージジーンズをかっこよく着こなすアジェたちも、大勢見ることができるそうです。私も新聞で普通の中年のおじさんたちの、かっこいいファッションを見ました。本当にとてもかっこよかったです。そして、こんなにかっこいいビンテージジーンズをはくために、一生懸命ダイエットをするアジェたちも急増しているそうです。

[TR03]

임주희: 또요, 요즘의 아재 개그 유행에 **뒤떨어지지** 않기 위해서 열심히 열심히 아재 개그를 공부하는 아재들도 많다고 하지요. 아, 그러고 보니까요, 제 눈앞에 있는 배정렬 편집장님도 50대이신데요, 청바지가 정말 **엄청** 잘 어울리는 아재지요. 원래 좀 그런 걸 의식하고 계셨던 건 아닌가요? 흠, 조금 지금 부끄러워하기도 하면서 쿨한 미소를 혼자 지으면서 앉아 계시는 게 역시 의식하고 있는 건 **분명합니다**.

　네, 그럼요, 먼저 최신 뉴스 전해 드리도록 하겠습니다. 그럼 또 한 분의 아재 파탈이신 김정범 아나운서 모시도록 할게요. 안녕하세요?

김정범: 네. 안녕하십니까? 딸기가 회사에서 **잘리면** 뭔지 아세요? 딸기 **시럽**!

임주희: 네. 또 한 분의 아재 개그, 감사합니다. 그럼 뉴스 보내 드리겠습

イム: またこのごろはアジェギャグの流行に乗り遅れないために、一生懸命、一生懸命アジェギャグを勉強するアジェたちも多いそうです。そうして見ると、私の目の前にいるペ・ジョンリョル編集長も50代なんですが、ジーンズが本当にとてつもなくよく似合うアジェですね。もともと少しそういうのを意識していらしたのではないでしょうか？　ちょっと今恥ずかしそうにしながらも、クールなほほ笑みを一人浮かべながら座っていらっしゃるのが、やはり意識しているのは間違いないです。

　ではまず最新のニュースをお送りすることにします。ではもうお一人のアジェファタールであるキム・ジョンボム・アナウンサー、お招きします。アンニョンハセヨ？

キム: はい。アンニョンハシムニカ？　イチゴが会社を首になったら何なのかご存じですか？　いちごシロップ！

イム: はい。もうお一人のアジェギャグ、ありがとうございます。ではニュースをお送り

개-　つまらない、本物ではないという意味の接頭語。「ケ」とした
타깃　ターゲット
판교　京畿道城南市板橋、この5年ほどで急速な発展をした地域。ソウル江南から地下鉄で15分ほどの距離
RC카（Radio Control Car）　無線操縦自動車、ラジコンカー
수제　手造り、手製
멋들어지다　ほれぼれするほどすてきだ。멋들어지게 입다で「かっこよく着こなす」とした
뒤떨어지다　（時代や流行に）乗り遅れる、遅れになる
엄청　とてつもなく、度外れて
분명하다（分明--）　間違いなくはっきりしている
잘리다　首になる、解雇される
시럽　シロップ。首になるという意味の失업（失業）と同音異義語であることからのしゃれ

니다.
내레이션: 지금의 한국을 만날 수 있는 〈hana NEWS DIGEST〉

します。
ナレーション: 今の韓国に出会える「hana NEWS DIGEST」

» NEWS 1 「金英蘭法」施行
`TR04`　ニュース解説 ☞P.042、漢字・ハングル併記文 ☞P.046

　지난 9월 28일, '부정청탁 및 금품 등 수수의 금지에 관한 법률'이 시행됐습니다. 이 법률은 지난 2012년에 국민권익위원회 위원장이었던 김영란 씨가 발의해 '김영란법'으로 널리 **알려졌습니다**.

　김영란법은 공직자들에게 원활한 직무 수행이나 사교 등의 목적으로 제공되는 금품 등의 상한액을 설정했는데, 음식물은 3만 원, 선물은 5만 원, **축의금** 등 **경조사비**는 10만 원입니다.

　김영란법이 시행되면서 음식점에서는 29,000원의 '김영란 정식'이 등장하고, 백화점에서는 49,000원의 '김영란 선물 세트'가 진열되는 등 각 업종에서 김영란법 대응책 **마련**에 고심하고 있습니다.

　去る9月28日、「不正請託および金品など授受の禁止に関する法律」が施行されました。この法律は、去る2012年に国民権益委員会委員長であった金英蘭氏が発議したので、「金英蘭法」として広く知られています。

　金英蘭法は、公職者に円滑な職務の遂行や社交などの目的で提供される金品などの上限額を設定しており、飲食物は3万ウォン、プレゼントは5万ウォン、祝儀などの慶弔費は10万ウォンです。

　金英蘭法が施行されたことで、飲食店では2万9000ウォンの「金英蘭定食」が登場し、百貨店では4万9000ウォンの「金英蘭プレゼントセット」が並ぶなど、各業種で金英蘭法対応策の準備に苦心しています。

» NEWS 2 慶州でM5.8の地震発生
`TR05`　ニュース解説 ☞P.043、漢字・ハングル併記文 ☞P.046

　지난 9월 12일, 경주에서 **규모** 5.8의 지진이 발생해 20명 이상이 다쳤습니다. 또 건물이 기울거나 유리창이 깨지는 등 재산 피해도 **잇따랐습니다**.

　去る9月12日、慶州でマグニチュード5.8の地震が発生し、20人以上が負傷しました。また、建物が傾いたり、窓ガラスが割れたりするなど、財産被害も相次ぎました。

지진이 일어나**자** 이에 놀란 주민들이 119에 전화를 걸어 와 지진 **여부** 확인 건수가 만 건 이상에 달하면서 크게 **혼란을 빚기도** 했습니다.

또 계속되는 여진을 피해 14일부터 시작된 추석 연휴를 다른 지역에서 보내는 사람들도 많았습니다. 특히 경주 부근의 고리와 월성에는 원자력 발전소가 모여 있어 지진의 영향은 없는지 주민들의 불안해 하는 목소리가 컸습니다.

地震が起きると、これに驚いた住民らが119番に電話をかけてきて、地震があったかどうかを確認する件数が1万件以上に達して、大きな混乱が生じたりもしました。

また継続する余震を避け、14日から始まった秋夕連休を他の地域で送る人たちも多かったです。特に慶州付近の古里と月城には原子力発電所が集まっており、地震の影響はないか住民らの不安視する声が大きかったです。

» NEWS 3 外国人留学生10万人突破

[TR06] ニュース解説 ☞P.044、漢字・ハングル併記文 ☞P.046

지난 8월 30일, 교육부와 한국교육개발원이 발표한 교육 기본 통계에 따르면, 올해 4월 1일 기준으로 외국인 유학생 수가 처음으로 10만 명을 **넘어선** 것으로 나타났습니다. 특히 어학 연수생이 약 27,000명에 달해 작년보다 21.6%나 증가했습니다.

학위 과정에 재학 중인 외국인 유학생 가운데 가장 많은 출신국은 60% 이상을 **차지한** 중국이며 베트남, 몽골, 미국이 그 뒤를 이었습니다.

또한 대학정보공시 사이트 '대학

去る8月30日、教育部と韓国教育開発院が発表した教育基本統計によると、今年の4月1日基準で、外国人留学生の数が初めて10万人を超えたことが分かりました。特に語学研修生が約2万7000人に達し、昨年より21.6%も増加しました。

学位課程に在学中の外国人留学生のうち、最も多い出身国は60%以上を占めた中国で、ベトナム、モンゴル、米国がそれに続きました。

また、大学情報公示サイト「大学アルリ

알려지다 知られる
축의금(祝儀金) 祝儀
경조사비(慶弔事費) 慶弔費
마련 準備、用意、工面
규모(規模) マグニチュード
잇따르다 相次ぐ

-자 〜や否や、〜するとすぐ
여부(與否) 〜かどうか
혼란을 빚다(混乱- --) 混乱が生じる
넘어서다 超える、脱する
차지하다 占める

알리미'에 공시된 대학별 외국인 유학생 수 현황에 따르면, 외국인 유학생이 가장 많은 대학교는 총 4,333명인 고려대학교인 것으로 나타났습니다. 이어 3,000명을 넘는 경희대학교와 연세대학교가 각각 2, 3위를 차지했습니다.

ミ」に公示されている大学別外国人留学生数の現況によると、外国人留学生が最も多い大学は、計4333人の高麗大学であることが分かりました。続いて3000人を超える慶熙大学と延世大学がそれぞれ2、3位を占めました。

» NEWS 4 15年ぶりに実施された名字調査

TR07　ニュース解説 ☞P.045、漢字・ハングル併記文 ☞P.046

지난 9월 7일, 통계청이 발표한 '2015 인구주택총조사'에 따르면 2015년 11월 1일 기준으로 한국 전체 **성씨**는 총 5,582개이며 많이 사용하는 성씨는 김, 이, 박, 최, 정 순인 것으로 나타났습니다.

김씨 성을 가진 인구 비율은 21.5%이며, 이씨 성은 14.7%, 박씨 성은 8.4%를 차지해 3대 성씨의 인구 비율이 44%를 넘는 것으로 밝혀졌습니다. 또한 **본관**별로 보면 김해 김씨가 9%를 차지해 가장 많았으며, 6.2%의 밀양 박씨와 5.3%의 전주 이씨가 뒤를 이었습니다.

15년 만에 실시된 성씨와 본관 조사에 따르면, 지난 2000년 조사 때 728개였던 성씨가 7배 이상 늘어났는데, 이러한 배경에는 외국에서 온 이민자들이 귀화하면서 자신의 성씨를 등록한 사례가 많았기 때문인 것으로 밝혀졌습니다.

去る9月7日、統計庁が発表した「2015人口住宅総調査」によると、2015年11月1日基準で、韓国全体の名字は計5582個であり、多く使っている名字は金、李、朴、崔、鄭の順だったことが分かりました。

金氏の姓を持つ人口比率は21.5%であり、李氏の姓は14.7%、朴氏の姓は8.4%を占め、三大名字の人口比率が44%を超えることが明らかになりました。また本貫別に見ると、金海金氏が9%を占め最も多く、6.2%の密陽朴氏と5.3%の全州李氏が後に続きました。

15年ぶりに実施された名字と本貫調査によると、去る2000年の調査時に728個だった名字が7倍以上に増えましたが、このような背景には外国から来た移民の人々が国籍取得する際に、自らの名字を登録した事例が多かったからだということが明らかになりました。

임주희: 〈NEWS DIGEST〉, 김정범 아나운서와 보내 드렸습니다.

내레이션: 〈Topics+one〉

イム:「NEWS DIGEST」、キム・ジョンボム・アナウンサーとお送りしました。

ナレーション:「Topics+one」

》 一橋大学准教授、クォン・ヨンソク氏インタビュー

[TR08]

임주희: 네, 아재 코드라는 현상이 사회에까지 영향을 미치고 있는데요, 그 배경에는 그럼 무엇이 존재하고 있는 걸까요? 네, 그래서요, 저희가 오늘은요, 〈「韓流」と「日流」～文化から読み解く日韓新時代〉라는 책의 저자 이시기도 하시구요, 一橋大学 大学院 法学研究科의 권용석 준교수님 모셨습니다.

네, 一橋大学校에서는 동아시아 국제관계사를 가르치시면서요, 한일관계를, 이, 정치와 외교뿐만 아니라 문화적인 면도 연구하고 계시는 **교수님**을 모셨습니다.

イム: アジェコードという現象が社会にまで影響を及ぼしているのですが、ではその背景には何が存在しているのでしょうか? それで今日は、『「韓流」と「日流」～文化から読み解く日韓新時代』という本の著者でもある、一橋大学大学院法学研究科のクォン・ヨンソク准教授をお招きしました。

一橋大学では東アジア国際関係史を教えながら、日韓関係を政治と外交だけではなく、文化的な面も研究していらっしゃる先生をお招きしました。

[TR09]

임주희: 교수님 안녕하세요?
권용석: 안녕하세요? 一橋大学의 권용석입니다.

イム: 先生、アンニョンハセヨ?
クォン: アンニョンハセヨ?　一橋大学のクォン・ヨンソクです。

알리미　お知らせ、指数。「アルリミ」とした
총　総、計、合わせて
성씨(姓氏)　名字
본관　本貫。氏族の発祥の地
교수님　クォン・ヨンソク氏は准教授だが、韓国では准教授も含めて教授という呼称が一般的なので、ここでは「교수님」とし、「先生」と訳す

임주희: 네.
권용석: 아젭니다, 잘 부탁드립니다.
임주희: 잘 부탁드립니다. 네, 또 오늘 아재 파탈 만나뵙습니다. 네, 한국에서는 정말 지금 아재 코드가 굉장하잖아요?
권용석: 네.
임주희: 네. 정말 저는 여기서 여러 가지 기사를 읽으면서**두** 그게 이렇게 피부로 느낄 정도**루** 굉장히 한국에서 정말 **열풍**이 굉장하구나 생각을 했었어요.
권용석: 예. 뭐, 세 가지 측면에서 말씀드릴 수 있을 거 같은데, 첫 번째는, 이제, 새로운 한국의 남성상의 탄생이라는 하나의 사회 현상이라고 볼 수 있고요.

　두 번째가, 이제, 세대 간의, 좀, 소통? 하나의 도구로써 이런 아재 열풍이 일어나고 있지 않은가라는 부분.

　그리고 좀 더, 이제, 사회 문화적인 배경으로서 요즘 한국 사회의, 한국 문화의 코드, 키워드로 말씀드리면은, 이제, **복고주의**가 있을 거 같애요, 복고풍. 그래서 80년대, 90년대의 어떤 문화나 사회에 대한 어떤, 이제, 향수? 그런 것들이 배경에 있지 않을까, 그런 생각이 들어요.

イム：はい。
クォン：アジェです、よろしくお願い致します。
イム：よろしくお願い致します。また今日はアジェファタールにお目にかかります。韓国では本当に今、アジェコードがものすごいじゃないですか？
クォン：はい。
イム：はい。本当に私は日本でいろいろ記事を読んでいても、それがこんなに、肌で感じるほどにすごく韓国で、本当にブームがすごいんだなと思いました。

クォン：はい。三つの側面からお話しできると思いますが、一つ目は、新しい韓国の男性像の誕生という、一つの社会現象と見ることができまして。

　二つ目が世代間の疎通？　一つの道具としてこのようなアジェブームが起きているのではないかという部分。

　そしてもう少し社会文化的な背景で、このごろの韓国社会の、韓国文化のコード、キーワードとして申し上げると、復古主義があると思います、復古風。それで80年代、90年代のある文化や社会に対する、ある郷愁？　そういうものが背景にあるのではないか、そんな気がします。

»「アジェブーム」の背景1〜男性像の変化

TR10

임주희: 네, 그럼 자세하게, 좀, 설명, 좀, 해 주세요, 교수님.

권용석: 네. 우선에, 이제, 새로운 남성상인데 아시다시피 한국 사회는 굉장히 남성 중심 사회였고 또 **남존여비**도 강했고.

임주희: 네. 너무 심했죠.

권용석: 한국 남자 하면은 굉장히 **마초** 스타일, 한국, 일본식으로 말하면. **까**는 굉장히 **이케** 남자다워야 되고 또 좀 권위주의이기도 하고.

임주희: 우월주의도 심하고.

권용석: 네. 그리고, 그, 회사에서도 그렇고 그런 교수님들도 그렇고, 그, 나이가 들수록 좀 더 이렇게, 무거운, **무게를 잡아야** 되는 그런, 이제, 남성상이 많았고. 그런 것들에 대한, 이제, 하나의 그 **안티테제**라고 할까요?

　그, 좀 새로운 세대들, 특히 80년대, 90년대를, 그, 청춘을 살았던 사람들이 새로운 어떤 소비문화에도 접해 있었고 또 새로운 또 세계도 바라봤던 사람들이 이제 예전의 기존

イム：では詳しく説明をしてください、先生。

クォン：はい。まず新しい男性像ですが、ご存じのように韓国社会はものすごい男性中心社会だったし、また男尊女卑も強かったし。

イム：はい。とてもひどかったですよね。

クォン：韓国の男性といえば、すごいマッチョスタイル、韓国、日本式に言えば。ですからすごく、このように男らしくなければならないし、さらに少し権威主義でもあるし。

イム：優越主義も激しくて。

クォン：はい。そして会社でもそうだし、そういう先生たちもそうだし、年を取るほどさらに少しこんなふうに、落ち着かなければならない、そんな男性像が多くて。そういうものに対する一つの、そのアンチテーゼとでもいいましょうか？

　少し新しい世代たち、特に80年代、90年代に青春を生きた人たちが、新しいある種の消費文化にも触れていて、また新しい、また世界も見渡した人たちが、今、以前の既存の韓国の男性のような大人ではな

〜두　〜도のこと。〜も
〜루　〜로のこと。〜に、〜で
열풍　熱風、ブーム
복고주의　復古主義。過去の政治、思想、文化、制度、風習などに戻ろうとする態度
남존여비　男尊女卑
마초　マッチョ、男らしい人、筋肉隆々の男性

까　그러니까のこと。だから
이케　이렇게のこと。このように
무게를 잡다　重さをつかむ。「落ち着く」とした
안티테제　アンチテーゼ。哲学用語で「反定立」「対照」「正反対」などと訳される

의 한국의 남성 같은 어른이 아니라 좀 더 새롭고 한국적인 것도, 갖, 있으면서도 좀 더 **서구화됐다고** 할 수 있겠죠? 그런 거를 이제 융합한 새로운 남성상이 탄생하지 않았나.
임주희: 저, 교수님을 만나뵙고 그렇게 생각했어요.
권용석: 아, 아니.
임주희: 아재 파탈의 완전 전형적인 대표시잖아요.
권용석: 저는 그냥 일본 그냥 스타일.
임주희: 아니, 굉장히 막 그런 **딱딱한** 한국의, 그냥, 교수님 이런 이미지였는데. 만나 뵙고 나니까 정말 아재 파탈이신데.
권용석: 근데 이게 역시, 그, 일본 문화하고 역시 한국 문화는 역시 많이 영향을 받고 있는 거 같애요. 일본에서도 **사실** 그렇지 않습니까? 지금 40대, 50대, 60대부터, 이제, 기존의 어떤 그런 노인이 아니라 계속 젊음을 유지하고 또 새로운 거에 도전하고 그런 이제 편한 존재로서, 이렇게 **거듭** 나왔던 부분이 있는데.
　한국에서도 그런 흐름이 온 거지요. 근데 그걸 주도했던 사람들이, 이제, 주로 **연예인**들이 될 수 있고, 그, 한국의 한류 스타들. 한류 스타면 미남이고 아주 남성적인, 그, 매력이 풍부했던 사람들인데. 그 사람들이 이제 40대, 50대가 되면서 스스로를 좀 이케 **망가트리면서**, 그렇

く、もう少し新しくて韓国的なものも、ありながらももう少し西洋化したといえますよね？　そういうものを今、融合した新しい男性像が誕生したのではないか。

イム：私、先生にお目にかかってそう思いました。
クォン：あ、いいえ。
イム：アジェファタールの完全に典型的な代表じゃないですか。
クォン：私はただの、日本のただのスタイル。
イム：いいえ、すごくやたらに、そんな固い韓国の先生、こんなイメージだったんですが。お目にかかってみたら本当にアジェファタールでらして。
クォン：ところがこれはやはり日本文化と、やはり韓国文化は、やはり多く影響を受けていると思います。日本でも実際そうではありませんか？　今40代、50代、60代から、既存のあるそういう老人ではなく、ずっと若さを維持して、また新しいものに挑戦して、そういう今、気楽な存在として、このように重ねて出てきた部分がありますが。

　韓国でもそのような流れが来たのでしょう。でもそれを主導した人たちは、主に芸能人になることができて、韓国の韓流スターたち。韓流スターならハンサムで男性的な、魅力が豊かだった人たちですが。その人たちが今や40代、50代になると同時に、自らをちょっとこんなふうに壊して、そうすることでさらに親しくなれる、そのよう

게 하면서 더 **친근해질** 수 있는 그런 다양한 면을 보여 주는 것이 시청자나 많은 국민들에게도 좋은 **호응을 얻었지** 않았나.

な多様な面を見せてくれることが、視聴者や多くの韓国人にも良い反響を得たのではないか。

»「アジェブーム」の背景２〜世代間コミュニケーションの試み
[TR11]

권용석: 뭐, 그〈삼시세끼〉같은 그런 프로그램에서 차승원, 얼마나 그 모델 출신의….

임주희: 네, **차줌마**, 너무 멋있는 분인데.

권용석: 차줌마. 몸빼 입고, 그, 요리하고 **말투도** 그렇고 또 머리 빠글빠글 파마하고. 그리고, 또, 유해진 씨가 또 그렇게 재미있는, 또, 캐릭터를 하시고.

그런 또 김상중 같은 굉장히〈그것이 알고 싶다〉에서 MC를 하셨던 그런 무게가 있는 그, **금언하신** 분이, 굉장히, 또, 이제, 김병만 씨하고 같이 개그, 아재 개그 이케 한다든

クォン：その「三食ごはん」のようなそんな番組で、チャ・スンウォン、どんなにそのモデル出身の……。

イム：チャジュンマ、すごくかっこいい方なのに。

クォン：チャジュンマ。モンペをはいて、料理して、話し方もそうだし、また頭はくるくるパーマをかけて。そしてユ・ヘジンさんがまたそのように面白い、キャラクターをなさって。

　そんなまたキム・サンジュンのような、すごく「それが知りたい」で司会をなさった、そんな重みがある真面目でいかめしい方が、キム・ビョンマンさんと一緒にギャグ、アジェギャグをこんなふうにするとか。この

서구화되다（西欧化--）　西洋化する
딱딱하다　固い、堅苦しい
사실　事実、実際に、本当に
거듭　重ねて、さらに、繰り返し
연예인（演芸人）　芸能人
망가트리다　壊す、駄目にする、破損する
친근하다（親近--）　身近な、親しい、取っ付きやすい
호응을 얻다（呼応- --）　反響を得る、評判を取る
삼시세끼　韓国の放送局tvN制作のテレビ番組「三食ごはん」。スターが自力で食材を手に入れ、自炊する内容
차줌마　あまりにも料理が上手なので付いたあだ名、차승원＋아줌마の意味。「チャジュンマ」とした
말투　話し方、口ぶり
그것이 알고 싶다　韓国SBS制作のテレビ番組名。1000回を超える報道ドキュメンタリー番組で、民放では最長寿
금언하다　謹厳だ、真面目でいかめしい

가. 요즘 차인표**마저** 90년대에 정말 그렇죠?
임주희: 제일, 그, **명배우**였던, 멋진 배우였던.
권용석: 근육질의, 네. 차인표마저 요새는 또 아재 개그를 하면서 하는, 그런 부분들이, 이제, 새로운 그런 느낌. 까 특히 중요한 것은, 이제, 언어적인 측면에서, 그, 아재라는 게 사실 경상도 사투리잖아요. 그래서 아저씨보다도 좀 더, 이제, 친근감이 있지만 **촌스러운** 그런 말이었는데.

그것이, 이제, 좀 더 지금 세련되고 새로운 남성상을 표현하는 말로 **거듭났다는** 거는 한국어적인 면에서도 굉장히 의미가 있는 부분이 아닐까라는 생각이 듭니다.
임주희: 네, 네. 정말 막 지금까지는 왜 '**꼰대**', 막, '개저씨'.
권용석: 글쎄 말이에요. 니까는 그 두 번째로 이게 역시 세대 갈등, 이 한국 사회는 정말 압축 성장이라 그러잖아요. 그, 거 10년 단위로….
임주희: 너무 짧은 시간 사이에.
권용석: 굉장히 **파라다임**이 완전히 바뀌어서. 저 같은 경우도, 뭐, 까 한국에 가끔 돌아가면은 거의 원시인 같이 돼요. 그런 유행도 그렇고 굉장히 급히 바뀌어지는 바람에 공유할 수 있는 어떤 **공감대**가….
임주희: 형성이 안 되는 거죠?
권용석: 세대 간의, 세대 간의 좀 단

ごろはチャ・インピョまで、90年代に本当にそうでしょ?
イム: 一番の名優だった、かっこいい俳優だった。
クォン: 筋肉質の、はい。チャ・インピョまでこのごろはまた、アジェギャグを言いながら(番組を)する、そんな部分が、新しいそんな感じ。ですから特に重要なのは、言語的な側面から、アジェというのは実際は慶尚道の方言じゃないですか。だからアジョシよりも、もう少し親近感があるが、田舎くさい、そんな言葉だったんですが。

それがもう少し今洗練されて、新しい男性像を表現する言葉として生まれ変わったというのは、韓国語的な面でも大変意味がある部分ではないかという気がします。

イム: はい、はい。本当にやたらに今までは、ほら「コンデ」、「ケジョシ」。
クォン: そうなんですよ。だからその二つ目として、これはやはり世代の葛藤、この韓国社会は本当に圧縮成長だというじゃないですか。ほとんど10年単位で……。
イム: 短すぎる時間の間に。
クォン: ものすごくパラダイムが完全に変わるので。私のような場合も、だから韓国にたまに帰るとほとんど原始人のようになります。そういう流行もそうだし、すごく急に変わるせいで、共有できるある種の共感する部分が……。
イム: 形成ができないでしょ?
クォン: 世代間の、世代間のちょっと断絶

절되는 부분이 있었던 거 같거든요.

する部分があったみたいなんですよね。

TR12

권용석: 그리고 또 **윗세대**들은 사실 그 지금 아재 개그를, 이제, 담당하시는 분들의 세대는 소위 한국에서 말하는, 그, **386세대**라는 민주화 운동을 또 하셨던 그런 세대들이기도 하고, **가난**도 겪었지만 또 경제 성장을 **이룩한** 그런, 어떤, 자기네들이, 그, 지금 한국 사회를 만들었다라는 어떤 자부심을 갖는 세대들이기도 한데. 그러다 보니깐 **아랫세대**들에 대해서, 좀, 더, 이제, 권위주의적이라고도 그럴 수도 있고, 좀, 더, 주문을 많이 하게 "너희들은 왜 이러냐?" 하는 식으로.

그런 부분이 세대 갈등으로 이어지기도 하고 그게 하나의, 그, 어떤 정치적인 투표 면에서도, 어떤, 좀 문제가 되기도 하고 그랬었는데.

네, 그런 것들에 대해서 이제 아재 개그라는 자기를 스스로 망가트리

クォン: そしてまた上の世代たちは、実際その、今アジェギャグを担当なさる方たちの世代は、いわゆる韓国でいうところの、386世代という民主化運動をまたなさったそんな世代たちでもあり、貧乏も経験したけれど、また経済成長を成し遂げたそんな自分たちが、今の韓国社会をつくったという、ある種の自負心を持つ世代たちでもあるのですが。そうしているうちに、下の世代たちに対して権威主義的だともいえるし、注文を多くするように、「お前らはどうしてこうなんだ?」というふうに。

そういう部分が世代の葛藤につながりもし、それが一つのある種政治的な投票の面でも、少々問題になりもしたのですが。

そういうものに対して今やアジェギャグという、自分を自ら壊しつつ若い世代たち

-마저 〜まで、〜さえ
명배우(名俳優) 名優
촌스럽다(村---) 田舎くさい、やぼったい
거듭나다 生まれ変わる
꼰대 父、先生、年寄りなどを指す俗語。「コンデ」とした
파라다임 パラダイムのこと。パラダイム、規範、理論的枠組み
공감대(共感帯) 互いに共感する部分

윗세대 上の世代。上の意を表す윗が세대に付いた語
386세대 386世代。60年代に生まれ、80年代に大学生で、90年代に30代だった世代を指す。韓国の民主化運動を主導した世代でもある
가난 貧乏、貧しさ
이룩하다 成し遂げる、達成する、つくる
아랫세대 下の世代。下の意を表す아랫이 세대に付いた語

면서, 이제, 젊은 세대들에게 **다가가면서** 자기가, 이제, 망가짐으로써 자기가 이제 비판받을 수 있는 존재가 될 수 있는 그런 면에서 친근감이 이어지고 또 80년대, 90년대 이런 개그도 그렇고.

또는 노래도 그렇잖아요. 요새 한국의 노래 프로그램이 아주 좋은 것들이 많은데.
임주희: 네.
권용석: 주로 80년대, 90년대 히트곡을 리메이크하거나 다시, 또, 이제, 카바송으로 부르거나.
임주희: 아이돌들이 정말.
권용석: 아이돌들이 부르고.
임주희: 태어나지도 않았을 때 그 시대 노래를 너무 많이 멋들어지게 잘 부르잖아요.
권용석: 그렇지요. 그래서 이제 공유할 수 있는 문화를, 이제, 함께 갖게 되면서, 좀, 세대간의 소통을 하면서 한국 사회의 어떤, 좀, 단절된 그리고 또 이케 **편 가르기** 같은 그런 분열된 한국 사회에서, 좀, 통합을 **이끌어 낼** 수 있는 그런 좀 깊게 보자면, 사회적인 어떤 현상으로도 바라볼 수 있지 않을까.
임주희: 공감대를 형성하고 싶은 거죠?
권용석: 그, 아재 개그를 비유적으로 말씀드릴 거 같으면은, 정말 요즘 다 살기 힘들어요. 40대, 50대도 힘

に近づきながら、自分が壊れることで自分が今や批判される存在になり得る、そういう面で親近感がつながって、また80年代、90年代のこんなギャグもそうだし。

または歌もそうじゃないですか。このごろの韓国の歌番組はとてもいいものが多いのですが。
イム：はい。
クォン：主に80年代、90年代のヒット曲をリメークしたり、もう一度カバーソングとして歌うとか。
イム：アイドルたちが本当に。
クォン：アイドルたちが歌って。
イム：生まれてもないときのその時代の歌を、すごくたくさんほれぼれするほど上手に歌うじゃないですか。
クォン：そうですよね。だから今、共有できる文化を一緒に持つようになって、世代間の疎通をしながら韓国社会のある種の断絶した、そしてまたこのようにグループ分けのような、そんな分裂した韓国社会で、統合を導き出せる、そんなちょっと深く見ようとすれば、社会的なある現象としても眺められるのではないか。

イム：共感できる部分を形成したいのですよね？
クォン：アジェギャグを比喩的に申し上げるならば、本当にこのごろ誰もが生きるのが大変です。40代、50代も大変だし、若い

들고 젊은 애들도 힘들고 **오죽하면** '**헬조선**'이란 말까지 나오겠습니까?
임주희: 그러니까요.
권용석: 그렇게 너무 살기 힘든 이 사회에서 그런 80년대, 90년대에 정말, 이, 진짜 썰렁한, 옛날 썰렁 개그, 이거를 통해서 그냥 서로 웃으면서, 어, 그거를 한번, 좀, 이 **시름**을 힘듦을 어려움을 조끔은, 이제, 쉬어 갈 수 있는 그런 청량제. 한국에서 말하면 **박카스** 같은.
임주희: 박카스, 예.
권용석: 박카스 같은 일본식으로 말하면 リゲイン. 이것도 아재 개그입니다. "リゲイン 마시면서 이제 함께 **잘해 보자**. 우리 한번 잘해 보자." 그런, 이제, 코드가 이 방송도 그렇구 어떤 사회적으로도 나와 있지 않은가, 그런 생각이 들어요.

TR13

임주희: 네, 굉장히 정말 많이 바뀐 거 같아요. 그 막 위, 위에서부터 항상 억압하구 "너희는 이렇게 해야

イム：そうですね。
クォン：そのようにとても暮らしにくいこの社会で、そんな80年代、90年代に本当に、本当に寒い、昔の寒いギャグ、これを通じてただ互いに笑いながら、それを一度この悩みを、苦労を、困難を、少しは休んでいけるそんな清涼剤。韓国で言えばバッカスのような。

イム：バッカス、はい。
クォン：バッカスのような、日本式で言えばリゲイン。これもアジェギャグです。「リゲイン飲みながら、これから一緒に頑張ってみよう。一度頑張ってみよう」。そんなコードがこの放送もそうだし、ある種の社会的にも出ているのではないか、そんな気がします。

イム：すごく本当にたくさん変わったと思います。そのやたらに上、上からいつも抑圧して、「お前たちはこうしなければならない」、

다가가다　近づく、近寄る
편（便）（幾つかの集団に分けたときの一つひとつの）組、グループ
가르기　分けること
이끌어 내다　導き出す、割り出す
오죽하다　（오죽하면の形で）どれほどひどくて〜だろうか
헬조선　ヘル朝鮮。韓国の昔の国名の朝鮮に地獄(Hell)を付けた合成語。地獄のような韓国社会という意味で、身分社会だった朝鮮のように現代も所得で身分が固着しているということ
시름　嘆き、悩み、憂い、心配
박카스　バッカス。韓国で販売されている疲労回復用の栄養ドリンク剤
잘해 보자　うまくやってみよう。「頑張ってみよう」とした

된다." 이랬던 그런 세대들이 같이 공감하려고 같이 소통하려는 모습이 참 너무 좋은 거 같아요.
권용석: 그렇죠. 옛날에 아저씨라 그러면 취미도, 뭐, 골프 아니면 **룸싸롱**, 아니면 **폭탄주**. 뭐, 그냥 그런, 좀, 느낌이었는데 요즘은….
임주희: 요재, 요새 아재들은 막.
권용석: 그렇죠. 뭐, 좋은, 이제, **사이클링**으로, 이제, 전국을 돌기도 하고 또, 뭐, 패러글라이딩이라든가 또는, 그런, 수상 스키도 그렇고 새로운 것들에 계속 도전을 하면서 **젊게** 살고. 그런 것들이 이제 하나의, 그, 한국 사회를 좀 더 개방적이고 다양한 모습으로 가져갈 수 있는 하나의 롤모델을 해 줄 수 있다.

그리고 중요한 거는 그 사람들은 또 예전의 그런 가난도 알고 그런 힘든 시절도 알기 때문에 그런 면에서도 깊이도 있어요, 솔직히. 예, 그래서 그 연기 면에서도 그렇고 사실, 그, 얘기를 시켜 보면은 에피소드가 많아요. 까, 깐 정말 재미있는 거지요. 그, 요즘 한국, 그, 예능 프로그램이 거의 대화, 얘기 리얼….
임주희: 너무 많지요.
권용석: **바라에티** 쪽으로 가지 않습니까? 계속 편하게 얘기하고 그 사람들의 인생을 얘기하면서 거기에 대한 어떤 **카타르시스**를 느끼는, 공감 느끼는 부분인데, 그분들은 역시

こう言っていたそんな世代たちが、共に共感しようと、共に疎通しようとする姿は、実にとても良いと思います。
クォン：そうですよね。昔はおじさんといえば趣味もゴルフ、じゃなければクラブ、じゃなければ爆弾酒。ただそんな感じだったのですが、このごろは……。
イム：このごろのアジェたちはしきりに。
クォン：でしょう。いい自転車で全国を回ったりもして、またパラグライダーとか、または水上スキーもそうだし、新しいものにずっと挑戦をしながら若々しく暮らして。そういうものが今や一つの韓国社会を、もう少し開放的で多様な姿に持っていくことができる、一つのロールモデル(の役割)をしてくれることができる。

そして重要なことは、その人たちはまた以前のそんな貧しさも知っていて、そういう大変な時代も知っているので、そういう面でも深さもあります、正直。だからその演技の面でもそうだし、実際話をさせてみるとエピソードが多いです。ですから本当に面白いんですよ。このごろの韓国の芸能番組のほとんどは対話、話、リアルな……。

イム：すごく多いですよね。
クォン：バラエティーの方に行かないですか？　ずっと気楽に話してその人らの人生を話しながら、そこに対するある種のカタルシスを感じる、共感を感じる部分ですが、その方たちはやはり話の種が多いですよね。

애깃거리가 많지요.

　그런 면에서는 정말 시대의 **총아**라고도 할 수 있고 정말 행복한, 저도 느끼지만 제가 80년대 한국을, 그, 알고 또 살아왔다라는 거는 너무너무 기쁜 거예요. 까는 〈**응답하라, 그, 1988**〉 같은 거….

임주희: 네. 그 드라마, 네.

권용석: 너무나도 이게 세 번째 주제가 되겠습니다만은 그 복고풍이죠.

임주희: 네.

そういう面では本当に時代の人気者ともいうことができるし、本当に幸福な、私も感じますが80年代の韓国を知っていて、また生きてきたというのはものすごくうれしいことです。ですから「応答せよ1988」のようなもの……。

イム：はい。そのドラマ。

クォン：あまりにもこれは三つ目のテーマになりますが、その復古風ですね。

イム：はい。

» 「アジェブーム」の背景3〜1980、90年代に対するノスタルジー
TR14

권용석: 요즘 한국 사회가 참 발전은 많이 해 왔지만 이대로 정말 될까, 지금까지 한국의, 한국의 모습 또는 한국인의 어떤 아이덴티티라 그럴까요? 그런 문화적인 좋은 부분을 많이 상실하면서 어떤 면에서 많이 발전하고 굉장히 글로벌화됐지만 이게 정말 우리들이 원했던 부분인가?

　심지어 민주화 같은 부분도 민주화 성공을 했지만 이게 지금 한국 사회가 **이럴려고** 민주화했는가라고 많

クォン：このごろ韓国社会が実に発展はすごくしてきましたが、本当にこのままでいいのか、今までの韓国の、韓国の姿または韓国人のある種のアイデンティティーとでもいいましょうか？　そんな文化的な良い部分をたくさん喪失しながら、ある面ですごく発展して大変グローバル化しましたが、これが本当に私たちが望んだ部分なのか？

　甚だしくは民主化のような部分も、民主化は成功しましたが、これは今韓国社会が、こんなつもりで民主化をしたのかという多

룸싸롱　クラブ、キャバクラ
폭탄주　爆弾酒。ビールとウイスキーを混ぜた酒
사이클링　サイクリング。「自転車」とした
젊게　若いように。「若々しく」とした
바라에티　バラエティーのこと。バラエティー
카타르시스　カタルシス。ギリシャ語で、浄化
총아（寵児）　人気者、花形

응답하라 1988　韓国中に一大レトロブームを起こした人気ドラマ、「応答せよ」シリーズの3作目
심지어（甚至於）　甚だしくは、それにもまして、その上
이럴려고　이러려고のこと、이렇게 하려고의 縮約語。こうしようと、こんなつもりで

은 분들이 느끼고 있는 그런, 좀, **막다른 골목에 다다라지** 않았나라는, 그런, 면에서, 이제, 사람들이 좀 좋았던 시절 일본어로 말하면 古き良き時代로서의 한국은 역시 80년대 또 90년대 초반까지, 그런 부분이 IMF 전이지요.

깐 그 시절을 많이 회고를 하고 그 시절을, 이제, 재현하는 드라마나, 이제, 프로그램들이 많이 생기면서 그게 또 사회 현상이 됐잖아요, 〈응답하라 1988, **1944**, 1994〉도 그렇고.

임주희: 굉장한 인기를 끌었죠, 네.
권용석: 깐 그런, 이제, 부분에서, 그, 까 그때는 인간의 정이 있었고 사람들이 모이면 정말, 뭐, 돈은 없고, 뭐, 놀잇거리는 없어도 그냥 대화로 그냥 즐겁게 술 마시면서 그냥 즐거웠던 누가 무엇을 얘기해도 즐거웠던.
임주희: 한국 사람들이 인간관계가 굉장히 따뜻하구 굉장히 강하고 막 **이랬는데**.
권용석: 끈끈하고 그렇죠.
임주희: 그게 점점 점점 희박해지면서.
권용석: 글쎄 말입니다.
임주희: 이러지 않았잖아요.
권용석: 예, 그러니까는 한국이 세계적으로 가장, 그, 특징적인 문화적인 문화적 특징을 갖고 있는 게, 남한테 형이라 그러구 오빠라 그러구 누나

くの方が感じている、そんな袋小路にたどり着いたのではないかという面で、人々がちょっと良かった時代、日本語で言えば古き良き時代としての韓国は、やはり80年代、90年代初めまでの、そんな部分はIMF（危機）の前ですね。

ですからその時代を多く回顧をして、その時代を再現するドラマや番組がたくさんできると同時に、それがさらに社会現象になったじゃないですか、「応答せよ1988、1944、1994」もそうですし。

イム：ものすごい人気を呼びましたね、はい。
クォン：ですからそういう部分で、ですからそのころは人間の情があったし、人々が集まれば本当にお金はなく、遊ぶものはなくても、ただ対話で、ただ楽しくお酒を飲みながら、ただ楽しかった、誰が何を話しても楽しかった。
イム：韓国人は人間関係がすごく温かくて、すごく強くて、すごくこんなふうだったのに。

クォン：べたべたしていてね。
イム：それがだんだんだんだん希薄になりながら。
クォン：そうなんですよ。
イム：こうじゃなかったですよね。
クォン：つまり韓国が世界的に最も特徴的な、文化的な特徴を持っているものが、他人に兄さんと言って、兄さんと言って、姉さんと言って、おじさんと言って、叔父さんと

라 그러구 아재라 그러구 **삼촌**이라 그러고.
임주희: 금방 그렇게.
권용석: 그런 친척 같은, 혈연 같은 관계를 호칭으로 할 수 있었다는 이게 세계적으로 봤을 때 한국밖에 저는 없다고 생각이 들거든요.

근데 요즘 들어서는 그런 게 좀 리얼리티가 없어지는 거예요. 말로는 아직 남아 있을지 몰라도 진정 형일까? 뭐, 누나일까? 또는 아재일까? 서로 이렇게 도와줄 수 있고 남이지만 진짜 가족처럼 그랬던, 이제, 한국 사회, 어떤, 80년대, 90년대 초반까지 있었던 그런 부분에 대한 어떤 회상과 어떤 향수? 아니면, 좀, 더, 그런 걸 다시 **되살려야** 되지 않을까 라는 그런 바램 같은 것도 저는 이 아재 열풍, 아재 코드와 깊이 관련이 있지 않을까, 그렇게 생각이 들어요.
임주희: 네, 교수님, 저도 정말 그렇게 생각해요.

[TR15]
임주희: 너무 많이 근까 사람들이 지금 **각박한** 세상에서 너무 많은 것을

イム: すぐさまそういうふうに。
クォン: そんな親戚のような、血縁のような関係を呼称でできたという、これが世界的に見たとき韓国にしかないと、私は思うんですよ。

でもこのごろになってそういうのは少しリアリティがなくなるんですよ。言葉ではまだ残っているかも分かりませんが、本当に兄さんだろうか？　姉さんだろうか？　またはおじさんだろうか？　互いにこのように助けることができて、他人だけど本当の家族のようだった、韓国社会の80年代、90年代初めまであったそんな部分に対する、ある種の回想とある種の郷愁？　でなければそういうものを再びよみがえらせるべきではないかという、そんな願いのようなものも、私はアジェブーム、アジェコードと深く関連があるのではないか、そう思えます。
イム: 先生、私も本当にそう思います。

イム: とてもたくさん、ですから人々が今の世知辛い世の中で、とても多くのものを

막다르다　（막다른の形で）行き止まりの、どん詰まりの
다다르다　たどり着く、至る。다다라지は正しくは다다르지
1944　1994と言おうとして言い間違えた
이랬는데　形容詞の이렇다（こうである）、または動詞の이러다（こうする）に-었는데が付いた形。こういうふうだったのに
끈끈하다　べたべたする、ねちねちする
삼촌 (三寸)　父の兄弟、特に未婚の叔父、伯父
되살리다　よみがえらせる、生き返らせる
각박하다 (刻薄--)　世知辛い、厳しい

잃구 있지 않나, 네.
권용석: 네, 그렇죠.
임주희: 이게 물질적으로는 풍부해졌는데두 그렇게 힘들어하는 너무 젊은 세대들이 지금 있구. 자기 나라에 대해서 **한탄할** 정도루 힘들어하는 젊은이들을 보면서 아재들도 역시 우리가 이래서는 안된다 하고 뭔가 생각한 건 아닐까. 저는 그렇게 생각을 했어요.
권용석: 지금 젊은이들은 사실 80년대, 90년대의, 그, 초반까지의, 그, 리얼리티를 그까 모르잖아요, 사실을.
임주희: 그렇지요, 네.
권용석: 어땠는지, 그냥 영화나 드라마로만 **봤지** 사실 모른다는 부분에서 이런 윗세대 사람들이 그거를 전하고 공유할 수 있는 거는 저는 이 **무형적인** 어떤 한국의 문화유산으로 굉장히 중요한 부분이라 생각됩니다.

근데 이거를 단순히 그냥, 그, 소비문화라든가 그런 식으로 그냥 향수로 그냥 소비해 버리고 그냥 웃어 버리고 끝날 것인지, 아니면 진짜 한국의, 한국적인 어떤 좋은 부분, 우리가 계승해야 될 부분, 계승 발전 또 똑같은 부분은 안 되겠지요. 아무래도, 이제, 아재 문화도 그렇고 기존의 한국 문화는, 그, 남성 중심 문화적인 그거하고는 또 피할 수 없는 부분이거든요.

근까 그런 부분을 또 어떻게, 이 잃어서는 아닌가, 네.
クォン: そうですよね。
イム: これは物質的には豊かになったのに、そのように苦労するあまりにも若い世代らが今いて。自分の国に対して嘆くほど苦労する若者を見ながら、アジェたちもやはり私たちがこうしていてはいけないと、何か考えたのではないか。私はそういうふうに考えました。

クォン: 今若者たちは実際80年代、90年代の、初めまでのリアリティーを、ですから知らないじゃないですか、実際を。
イム: そうですよね。
クォン: どうだったのか、ただ映画やドラマでだけ見たのであって、実際は知らないという部分で、このような上の世代の人たちがそれを伝えて共有できるのは、私はこの無形なある韓国の文化遺産として非常に重要な部分だと考えます。

でもこれを単純にただの消費文化だとかそんなやり方で、ただの郷愁としてただ消費してしまって、ただ笑ってしまって終わるのか、でなければ本当に韓国の、韓国的なある素晴らしい部分、私たちが継承しなければならない部分、継承発展（するものが）また全く同じ部分では駄目でしょう。どうしてもアジェ文化もそうだし、既存の韓国文化は、男性中心文化的な、それとはまた避けられない部分なんですよね。

だからそのような部分をまたどうやって

제, 지금 시대에 맞게 업데이트하면서 좋은 부분을 발전할 수 있는가라는 거를 정말 그 문화뿐만 아니라 사회적인 또 정치적인 부분에서도 좀 **심도** 있게 생각하느냐. 아니면 그냥 소비로 그냥 끝나 버리는, 하나의 유행으로 끝나 버리냐는 좀 **두고** 봐야 될 일인 것 같습니다.

今の時代に合うようにアップデートしながら、良い部分を発展できるのかということを本当にその文化だけではなく、社会的なまた政治的な部分でも少し深度があるように考えるのか。でなければただ消費としてただ終わってしまう、一つの流行として終わってしまうのかは、ちょっと見守らないといけないことだと思います。

TR16

임주희: 네, 그래도 아무래도 젊은이들이 굉장히 거기에 공감하구 동감하는 부분이 많이 생기면서, 네, 이게 좋은 방향으로 흘러갔으면 하는 그런 생각이 드네요, 네.
　너무 정확하게 오늘 말씀해 주셨는데요. 근데 제가 교수님, 아까 말씀을 드리다가 일본 가요곡 좋아하신다구요?
권용석: 아, 뭐, 저는 정말, 예, 일본 그 가요도 그렇고 까 일본 팝 **칼차**, 일본 대중 문화, 그, 너무 진짜 사랑했구요. 근까는 지금 저 일본에 이렇게 오래 살고 있는 것도 사실 일본에 제가 좋아하는 가수가 있기 때문에

イム: それでもやっぱり若者たちがすごくそこに共感して、同感する部分がたくさんできると同時に、これが良い方向に流れていけばという、そんな気になります。
　とても正確に今日はお話をしてくださいましたが。ところで先生、私がさっき申し上げていて、日本の歌謡曲がお好きですって？
クォン: 私は本当に日本の歌謡曲もそうですし、だから日本のポップカルチャー、日本の大衆文化、すごく本当に愛していて。ですから今、私が日本にこのように長く住んでいるのも、本当は日本に私が好きな歌手がいるために日本に住み続けて、例えば骨

한탄하다 (恨嘆--)　嘆く、嘆ずる
-지　(前件を肯定し後件を否定するときに、前件に付いて) ～であって、～(するの)であって
무형적이다 (無形的--)　無形だ
심도　深度
두다　そのままにしておく、放っておく。두고 보다で「見守る」とした

칼차　컬처のこと。カルチャー、文化

저는 일본에 계속 살고, 예를 들어 뼈를 묻을, 묻을 수도 있다, 아의, 그럴 정도 생각할 정도로.

　그러니까 심지어 이렇게 안 좋은 일이 있어도 이렇게 한일간의 그런 것도 그렇고, 일본에 살면서 이렇게 힘든 일이 있어도 그래도 中島みゆき라든가 浜田省吾, 그리고 斉藤和義….

임주희: 아, 저도 좋아해요.

권용석: 桜井和寿. 이, 이런 사람들이, 이, 태어나고 자라고 살고 있는 일본이라는 나라를 절대로 저는 싫어할 수가 없고 사랑할 수밖에 없는 거예요.

임주희: 아, 네.

권용석: 이분들이 있기 때문에 "아, 저는 역시 일본이 굉장히 좋고 사랑한다." 이런 거는 역시 문화를 통해서 저는 굉장히 영향을 크게 받고, 예, 있습니다.

임주희: 네. 네, 오늘 교수님 너무 감사합니다.

권용석: 예. 감사합니다. 저도 즐거웠습니다.

임주희: 네.

を埋めることもあると、それほど、考えるほどに。

　つまり甚だしくはこのように良くないことがあっても、このように日韓間のそういうこともそうだし、日本で住みながらつらいことがあっても、それでも中島みゆきだとか、浜田省吾、そして斉藤和義……。

イム：私も好きです。

クォン：桜井和寿。こんな人たちが生まれ育って暮らしている、日本という国を絶対に私は嫌うことはできなくて、愛するしかないのです。

イム：はい。

クォン：この方々がいるから、「私はやっぱり日本がすごく好きで愛する」。こういうのはやはり、文化を通して私はすごく影響を大きく受けて、はい、います。

イム：はい。今日は先生、大変ありがとうございます。

クォン：はい。ありがとうございます。私も楽しかったです。

イム：はい。

» イム・チュヒの「アジェギャグ」講座
TR17

임주희: 네, 우리 여자분들을 위한 원포인트 미용 정보도 소개해 드리고 **싶기는 하지만요**, 오늘은 아재 개그

イム：女性の方のためのワンポイント美容情報もご紹介したくはあるのですが、今日はアジェギャグを準備しました。ワンポイ

준비했습니다. 원 포인트 미용 정보 기대하셨던 분들께는 정말 죄송한데요, **급거** 용서를 바라는 바입니다.

네, 하지만요, 동음이의어를 공부하실 수 있는 좋은 기회니까요, 한번 들어 봐 주시지요. 네, 그럼 시작하겠습니다. 첫 번째 아재 개그입니다.

사람을 일으키는 숫자는?
다섯!

그런데 왜 다섯이죠? 다섯은 숫자루 하나, 둘, 셋, 넷, 다섯이죠. 그런데 이 다섯의 '다' 모두, 전부라는, 이, '다'라는 뜻과 그 다음에 '섯', 일본어루 "立て!", "서!"라고 할 때 이 ㅅ받침을 붙여서 "섯!"이라고 하죠. 그래서 다섯이라는 답입니다. 그럼 다시 한번 해 볼까요?

사람을 일으키는 숫자는?
다섯!

네, 어떠셨어요? 그럼 두 번째 아재 개그 해 보겠습니다. 질문 드릴게요.

ント美容情報、期待なさっていた方々には本当に申し訳ないのですが、急ぎご容赦くださるよう願う所存です。

でも同音異義語を勉強できる良い機会なので、一度聞いてみてください。では始めます。最初のアジェギャグです。

人を起こす数字は？
五つ！

ところでどうして五つでしょう？ 五つは数字で、一つ、二つ、三つ、四つ、五つですね。この五つ(다섯)の「다」をみんな、全部という「다」という意味と、その次に「섯」、日本語で「立て！」。「서！」と言うとき、このㅅパッチムを付けて「섯!」と言いますね。だから五つ(다섯)という答えなんです。ではもう一度してみましょうか？

人を起こす数字は？
五つ！

いかがでしたか？ では二つ目のアジェギャグをしてみます。質問差し上げます。

-기는 하다 〜ではある
급거(急遽) 急ぎ、急きょ

반성문을 영어로 해석하면?
글로벌.

무슨 뜻인지 아셨어요? 글로벌의 '글'은 '文字', 그 다음에 '로'는 일본말로 '～で', '벌'은 '罰'라는 일본말이지요? 그러니까 文字로 罰을 받는. 그런 뜻이 되지 않을까요? 그럼 여러분께 다시 한번 여쭤 볼게요.

반성문을 영어로 해석하면?
글로벌.

네, 어떠셨어요?

[TR18]

임주희: 네, 그럼 세 번째 아재 개그 해 보겠습니다. 잘 들어 주세요. 이건 좀 어려울지 모르겠네요.

방금 전에 울다가 **그친** 사람은?
아까운 사람.

좀 어려우셨지요? 설명해 드릴게요. '아까운'이라는 단어 아시나요? '아까운'은 '아깝다'. 그래서 일본말로는 'もったいない、惜しい'라는 그런 뜻이 있지요? 그런데 이 '아까운', '아까운'을 **따로따로** '아까'와 '운'으로 **띄어서** 한번 생각을 해 보세요. '아까'는 일본말로는 'さっき', 그 다음에 '운'은 '泣いた' '울었다'

反省文を英語で解釈すれば?
グローバル。

どういう意味か分かりましたか? グローバル(글로벌)の「글」は「文字」、その次に「로」は日本語で「～で」、「벌」は「罰」という日本語でしょ? つまり文字で罰を受ける。そういう意味にならないですか? では皆さんにもう一度お尋ねしてみます。

反省文を英語で解釈すれば?
グローバル。

いかがでしたか?

イム: では三つ目のアジェギャグ、してみます。よく聞いてください。これはちょっと難しいかも分かりません。

今さっき泣いていて泣きやんだ人は?
惜しい人。

ちょっと難しかったでしょ? 説明して差し上げます。「惜しい(아까운)」という単語はご存じですか? 「아까운」は「아깝다」。だから日本語では「もったいない、惜しい」というそんな意味がありますね? ところでこの「아까운」、「아까운」を別々に「아까」と「운」に離して一度考えてみてください。「아까」は日本語で「さっき」、その次に「운」は「泣いた」「울었다」となるでしょ? つま

라고 되지요? 그러니까 따루 띄어서 이야기하면 さっき泣いた人、그런데 이걸 붙이면 하나의 단어가 되지요, '아까운'. 이해하셨어요? 그럼 다시 한번 질문하겠습니다.

　방금 전에 울다가 그친 사람은?
　아까운 사람.

　네, 이해가 되셨는지 모르겠네요.

[TR19]

임주희: 네, 그럼 네 번째 아재 개그 해 보겠습니다. 이건 굉장히 귀여운 질문이에요. 잘 들어 주세요.

　바람이 귀엽게 불면 뭘까요?
　분당!

　아셨는지 모르겠네요. 이 '분당' 하구 제가 ㅇ받침으로 마지막에 발음을 했는데요, '분다'라는 단어는 일본말로 바람이 '吹いてる, 風が吹いてる', '吹いてる'라는 뜻이죠. 그런데 한국에서는 말을 귀엽게 할 때 이 어미에 ㅇ받침을 붙여서 말을 하고들

り別々に離して言えばさっき泣いた人、でもこれを付ければ一つの単語になるでしょう、「아까운」。理解できましたか？　ではもう一度質問します。

　今さっき泣いていて泣きやんだ人は？
　惜しい人。

　理解ができたのかどうか分かりませんね。

イム：では四つ目のアジェギャグ、してみます。これはすごくかわいい質問です。よく聞いてください。

　風がかわいらしく吹けば、何でしょう？
　プンダン！

　お分かりになったのかどうか分かりませんね。この「プンダン」と私がㅇパッチムで最後に発音したのですが。「吹く(분다)」という単語は日本語で風が「吹いてる、風が吹いてる」。「吹いてる」という意味ですね。ところで韓国では言葉をかわいく言うとき、この語尾にㅇパッチムを付けてみんな言っ

그치다　やむ、止まる
따로따로　別々に、分かれて、離れて
띄다　(空間的に)離す、間を置く
〜들　動作を行う人が複数いることを表す助詞

하지요. 그래서 '분다' 할 때는 이게 바람이 분다라는 뜻이지만 거기에 ㅇ받침을 붙여서 귀엽게 들리는 겁니다.

그래서 '분당'인데요, 그런데 이 분당이라는 단어가 부자 동네 지명이라는 건 여러분 아시는지 모르겠네요. 그럼 다시 한번 질문하겠습니다.

바람이 귀엽게 불면?
분당!

네, 수고하셨습니다. 그럼 다섯 번째, 마지막이 될 거 같네요. 아재 개그 해 보죠. 잘 들어 주세요.

세상에서 가장 가난한 왕은?
최저임금.

알아들으신 분 계세요? '최저'는 한자루 '最低'라는 뜻이 있죠, 일본말로. '임금'은 '賃金', 임금이라는 뜻이 있는데요. 이 賃金 그냥 한국에서 '임금'이라는 이 단어는 또 '왕'이라는 뜻도 있지요. 여러분 이해하셨어요? 그럼 다시 한번 해 보죠.

세상에거 가장 가난한 왕은?
최저임금.

네, 여러분 어떠셨는지 모르겠네요. 한국의 아재 코드 특집, 보내 드

たりします。それで「분다」と言うときは、これは風が吹くという意味ですが、ここにㅇパッチムを付けて、かわいく聞こえるのです。

だから「분당」なんですが、ところでこのプンダンという単語がお金持ちの町の地名というのは、皆さんご存じなのかどうか分かりませんね。ではもう一度質問します。

風がかわいらしく吹けば？
プンダン！

お疲れさまでした。では五つ目、最後になると思います。アジェギャグしてみましょう。よく聞いてください。

世の中で一番貧乏な王は？
最低賃金。

分かった方、いらっしゃいますか？ 「최저」は漢字で「最低」という意味がありますね、日本語で。「임금」は「賃金」、賃金という意味があるのですが。この賃金、ただ韓国で「임금」というこの単語は、また「王」という意味もありますね。皆さん、理解なさいましたか？ ではもう一度してみましょう。

世の中で一番貧乏な王は？
最低賃金。

皆さんどうだったか分かりませんね。韓国のアジェコード特集、お送り致しました。

렸습니다.

내레이션: 〈hana+one〉

» 朗読で味わう韓国の名作
[TR20]

임주희: 네, 이제 11월입니다. 올해도 이제 두 달 정도밖에 남지 않았네요. 그리고 곧 크리스마스가 찾아오지요. 크리스마스하면 산타클로스 할아버지를 기다리거나 또 서로 선물을 **주고받기**도 하고 정말 우리 마음을 **부풀게** 하는 행사가 많이 있습니다.

　물론 이 크리스마스는요, 저한테는 참 소중한 크리스마스예요. 왜 제가 크리스마스를 소중하게 생각하느냐면요, 우리 마음에 평안을 주시는 **하나님**을 생각하기 때문입니다. 그래서 매년 11월에 발매되는 〈hana〉를 통해 하나님이 등장하는 작품을 여러분께 낭독해 드리기로 생각을 하고 있습니다. 항상 우리를 지켜 주시는 하나님을 제가 낭독하는 작품을 통해서 느껴 주셨으면 하

ナレーション:「hana+one」

イム: 今や11月です。今年ももう2カ月程度しか残っていませんね。そしてすぐクリスマスがやってきますね。クリスマスといえばサンタクロースのおじいさんを待ったり、またお互いにプレゼントのやりとりもし、本当に私たちの心を膨らませるイベントがたくさんあります。

　もちろんこのクリスマスは、私には本当に大切なクリスマスです。どうして私がクリスマスを大切に考えるのかというと、私たちの心に平安を下さる神様を考えるからです。それで毎年11月に発売される『hana』を通じて、神様が登場する作品を皆さんに朗読して差し上げることに、(そういうふうに) 考えています。常に私たちを守ってくださる神様を、私が朗読する作品を通じて感じてくださればという願いです。

알아듣다　(人の言うことを)理解する、分かる
주고받기　やりとりすること
부풀다　膨れる、膨らむ
하나님　(プロテスタントで)神様

는 바람입니다.
　네, 오늘 소개해 드릴 작품은요, 권정생 선생님의 〈하느님의 눈물〉이라는 작품입니다. 그럼 잠깐 권정생 선생님의 프로필 소개해 드리죠.
　권정생 선생님은 아동문학가이십니다. 1937년 일본 도쿄에서 출생하셔서 9살 때 한국에 귀국을 하셨다고 하네요. 그리고 단편 동화 〈강아지 똥〉을 발표해서 아동문학상을 받으신 뒤 동화 작가로서의 삶이 시작이 됩니다. 2007년에 돌아가셨어요. 2007년에 돌아가신 권정생 선생님의 삶과 작품은 예수그리스도에 대한 **믿음**이 **바탕**이었다고 합니다. 그럼 들어 주시죠.

내레이션: 〈낭독으로 즐기는 한국의 명작〉

　今日ご紹介する作品は、クォン・ジョンセン先生の「神様の涙」という作品です。では少しクォン・ジョンセン先生のプロフィールをご紹介します。
　クォン・ジョンセン先生は児童文学家でいらっしゃいます。1937年日本の東京で出生なさって、9歳のときに韓国に帰国をなさったそうです。そして、短編童話「こいぬのうんち」を発表して児童文学賞を受賞なさった後、童話作家としての人生が始まりました。2007年に亡くなられました。2007年に亡くなられたクォン・ジョンセン先生の人生と作品は、イエス・キリストに対する信仰が基礎だったそうです。では聞いてください。

ナレーション:「朗読で楽しむ韓国の名作」

» 朗読『神様の涙』クォン・ジョンセン
[TR21]

　하느님의 눈물／권정생

　神様の涙／クォン・ジョンセン

　눈이 노랗고 털빛도 노란, **돌이 토끼**는 산에서 살았습니다. 그러니까 돌이 토끼는 산토끼인 셈이죠.
　어느 날 돌이 토끼는, 문득 생각했습니다.
　'**칡넝쿨**이랑 **과남풀**이랑 **뜯어** 먹으면 맛있지만 참말 마음이 아프구나. 뜯어 **먹히는** 건 모두 없어지고

　目が黄色くて毛の色も黄色い、ウサギのトリは山に住んでいました。つまり、トリは野ウサギということです。
　ある日、トリは、ふと思いました。
　「クズのつるやリンドウを摘んで食べるとおいしいけど、本当に心が痛いや。摘まれて食われたのはみんななくなってしまうから」

마니까.'

돌이 토끼는 중얼거리면서 하얀 이슬이 깔린 산등성이로 뛰어갔습니다.

'하지만 오늘도 난 먹어야 **사는 걸**. 이렇게 배가 **고픈걸**.'

돌이 토끼는 뛰어가던 발걸음을 멈추었습니다. 그리고는 둘레를 가만히 살펴보았습니다. 쪼꼬만 아기 소나무 곁에 풀무꽃풀이 이제 떠오르는 아침 햇살을 맞으며 앉아 있었습니다.

돌이 토끼는 풀무꽃풀 곁으로 다가갔습니다.

"풀무꽃풀아, 널 먹어도 되니?"

풀무꽃풀이 깜짝 놀라 쳐다봤습니다.

"……"

"널 먹어도 되는가 물어봤어. 어떡하겠니?"

[TR22]

풀무꽃풀은 **바들바들** 떨었습니다.
"갑자기 그렇게 물으면 넌 뭐라고 대답하겠니?"

トリはぶつぶつ言いながら白い露が敷かれた尾根に走っていきました。

「だけど、今日も僕は食べなきゃ生きられない。こうしておなかがすいているんだから」

トリは走るのをやめました。そして、周りを静かに見ました。小さな子どもの松の木の横に、プルムコップルが昇り始めた朝日を浴びながら座っていました。

トリはプルムコップルのそばに近づきました。

「プルムコップル君、君を食べてもいいかい?」

プルムコップルはびっくりして見上げました。

「……」

「君を食べてもいいか聞いたんだ。どうする?」

プルムコップルはぶるぶる震えました。
「突然そんなふうに聞かれて、君だったら何と答えると思う?」

하느님 宗教的信仰の対象、(カトリックで) 神様
믿음 信仰、信心、信念、信頼
바탕 基礎、根本を成す部分
돌이 토끼 ウサギのトリ。以下「トリ」とする
칡넝쿨 クズのつる
과남풀 リンドウ、エゾリンドウ

뜯다 ちぎる、むしり取る、摘む
먹히다 食べられる、食われる
-는걸 〜するんだ、〜するんだよ
-ㄴ걸 〜なんだ、〜なんだよ
바들바들 ぶるぶる

바들바들 떨면서 풀무꽃풀이 **되물었습니다.**
"……."
이번에는 돌이 토끼가 **말문이 막혔습니다.**
"**죽느냐** 사느냐 하는 대답을 제 입으로 말할 수 있는 사람이 이 세상에 몇이나 있겠니?"
"정말이구나. 내가 잘못했어, 풀무꽃풀아. 나도 그냥 먹어 **버리려니까** 안되어서 물어본 거야."

"차라리 **먹으려면** 묻지 말고 그냥 먹어."
풀무꽃풀이 **꼿꼿한** 목소리로 말했습니다. 먹힌다는 것, 그리고 죽는다는 것, 모두가 운명이고 마땅한 일인 것입니다.
돌이 토끼는 눈을 깜빡거리다가 말없이 돌아섰습니다. 깡충깡충 뛰어서 풀밭 사이로 갔습니다. **댕댕이** 덩굴이 **얽혀** 있었습니다. 잠깐 쳐다보다가 말없이 돌아섰습니다.

'댕댕이도 먹을까 물으면 역시 무서워할 거야.'
돌이 토끼는 **갈매** 덩굴 잎사귀 곁에 가서도 망설이다가 돌아섰습니다. **바디취** 나물도 못 먹었습니다. **고수대** 나물도, **수리취** 나물도 못 먹었습니다.

ぶるぶる震えながらプルムコップルは聞き返しました。
「……」
今度はトリが言葉を失いました。

「生きるか死ぬかという答えを自分の口で言える人がこの世に何人いると思う?」

「本当だね。僕が間違ってたよ、プルムコップル君。僕もそのまま食べてしまおうと思ったらかわいそうになって、聞いてみたんだ」

「いっそ、食べるなら聞かずにそのまま食べてよ」
プルムコップルは真っすぐな声で言いました。食べられるということ、そして死ぬということ、全てが運命であり、当然のことなのです。
トリは目をぱちぱちさせていましたが、何も言わずに背を向けました。ぴょんぴょん跳ねて、草むらの中へと向かいました。アオツヅラフジのつるが絡まっていました。少し見つめていましたが、何も言わずに背を向けました。

「アオツヅラフジも食べようかと聞いたらやはり怖がるだろう」
トリはクロウメモドキの葉のそばに行っても、ためらっていましたが背を向けました。ノダケも食べられませんでした。イワゴメナデシコもヤマボクチも食べられませんでした。

TR23

한낮이 되었습니다. 그리고 저녁 때가 되었습니다.

해님이 서산 너머로 **넘어가고** 있었습니다.

"해님 아저씨, 어떡해요? 나 아직 아무것도 못 먹었어요."

"왜 아무것도 못 먹었니?"

해님이 눈이 **둥그래져서** 물었습니다.

돌이 토끼는 오늘 하루 동안 겪은 얘기를 **죄다** 들려주었습니다.

"정말 넌 착한 아이로구나. 하지만, 먹지 않으면 죽을 텐데 어쩌지."

해님이 걱정스레 말했습니다.

"차라리 죽는 것이 낫겠어요. 괴롭지만 않다면 죽어도 좋아요."

돌이 토끼는 **기어코** 눈물을 줄줄 흘리며 울고 말았습니다.

해님도 **덩달아** 울고 싶어졌습니다. 그래서 얼굴이 **새빨개진** 채 서산

真昼になりました。そして、夕方になりました。

お日さまが西の山の向こうに沈もうとしていました。

「お日さまのおじさん、どうしよう？ 僕、まだ何も食べていません」

「どうして何も食べていないんだい？」

お日さまは目を丸くして聞きました。

トリは、今日1日あったことを全て聞かせてあげました。

「本当に君は優しい子だね。だけど、食べなかったら死ぬだろうに、どうしよう」

お日さまは心配そうに言いました。

「いっそのこと、死んだ方がましです。苦しくさえなければ死んでもいいです」

トリはついに涙をぼろぼろ流しながら泣いてしまいました。

お日さまもつられて泣きたくなりました。そのため、顔が真っ赤になったまま、西の

되묻다 聞き返す
말문이 막히다 (-門- ---) 言葉が出なくなる、言葉を失う
-느냐 ～するのか
-려니까 ～しようとしたら、～しようと思ったら
-으려면 ～しようとするなら、～しようと思うなら
꼿꼿하다 真っすぐだ、背筋が伸びている
댕댕이 アオツヅラフジ
얽히다 絡み合う、もつれる
갈매 クロウメモドキ
바디취 ノダケ

고수대 イワコゴメナデシコ
수리취 ヤマボクチ
넘어가다 越えていく。「沈む」とした
둥그래지다 丸くなる。正書法では둥그레지다が正しい
죄다 みんな、すっかり
기어코 (期於-) とうとう、ついに
덩달아 つられて
새빨개지다 真っ赤になる。새빨갛다(真っ赤だ)に変化を表す-어지다が付いた形

너머로 넘어갔습니다.

    사방이 어두워지고 하늘에 별님이 반짝거리며 나왔습니다.

    돌이 토끼는 자꾸자꾸 울다가 잠시 눈을 떠 하늘을 쳐다봤습니다. 수많은 별빛이 반짝거리고 있었습니다.

[TR24]

    돌이 토끼는 말했습니다.

    "하느님, 하느님은 무얼 먹고 사셔요?"

    어두운 하늘에서 부드러운 음성이 들렸습니다.

    "**보리수** 나무 이슬하고 바람 한 줌, 그리고 아침 햇빛 조금 마시고 살지."

    "어머나! 그럼 하느님, 저도 하느님처럼 보리수 나무 이슬이랑, 바람 한 줌, 그리고 아침 햇빛을 먹고 살아가게 해 주셔요."

    "그래, 그렇게 해 주지. 하지만, 아직은 안 된단다. 이 세상 모든 사람들이 너처럼 남의 목숨을 소중히 **여기는** 세상이 오면, 금방 그렇게 될 수 있단다."

    "이 세상 사람들 모두가요?"

    "그래, 이 세상 사람 모두가."

    하느님이 힘주어 말했습니다. 그리고는 잠시 사이를 두었다가 다시 말했습니다.

    "하지만, 내가 이렇게 **애타게** 기다리는데도 사람들은 **기를 써** 가면서

山の向こうに沈みました。

    四方が暗くなり、空にお星さまがきらめきながら出てきました。

    トリはしきりに泣いて、しばし目を開けて空を見上げました。多くの星の光がきらめいていました。

    トリは言いました。

    「神様、神様は何を食べて生きているんですか?」

    暗い空から柔らかい声が聞こえました。

    「菩提樹(ぼだい)の木の露と少しの風、そして朝日を少し飲んで生きているよ」

    「わあ! それでは神様、僕も神様のように菩提樹の木の露と、少しの風、そして朝日を食べて生きていけるようにしてください」

    「よし、そうしてやろう。だけど、まだ駄目だ。この世の全ての人が、君のように他人の命を大切に思う世の中が来たら、すぐにそうなれるんだよ」

    「この世の人、全てがですか?」

    「ああ、この世の人、全てが」

    神様は力を込めて言いました。そして、しばらく間を置いてまた言いました。

    「だが、私がこんなに待ち焦がれているのに、人は必死になって他人を傷つけてい

남을 **해치고** 있구나."
　돌이 토끼 얼굴에 물 한 방울이 떨어져 내렸습니다. 하느님이 흘린 눈물이었습니다.

るんだ」
　トリの顔に1滴の水が落ちてきました。神様が流した涙でした。

» エンディング
TR25

임주희:〈hana＋one〉16호, 여러분 어떠셨어요? 아, 이제 크리스마스 또 연말연시가 **다가올** 텐데요. 정말 따뜻한 마음으로, 음, 사랑이 담긴 마음으로 한 해를 **마무리하고** 맞이할 수 있었면 합니다.
　아, 그런데 여러분, 서울 한강에 수상 택시가 다시 시작됐다고 하죠? 전에는 세월호 사고를 일으킨 회사가 운영을 했었는데요. 이번에 새로운 디자인의 수상 택시가 **선을 보였다고** 합니다. 물론 세월호 사고를 일으킨 회사가 운영하는 건 아니고요.
　잠실 또 뚝섬을 출발해서 여의도에 도착하는 코스로 운행하고 있대요. 이 수상 택시를 타고 강가를 **비춰** 주는 교량의 정말 멋진 조명이나 서울의 야경을 한번 구경해 보시는 것도 좋을 것 같네요. 저도 한번 언

イム:「hana＋one」16号、皆さんいかがでしたか？ もうクリスマス、また年末年始が近づいてきますが。本当に温かい気持ちで、愛が込もった気持ちで、1年を締めくくり迎えられればと思います。
　ところで皆さん、ソウル漢江に水上タクシーが再び始まったそうですね？ 前はセウォル号の事故を起こした会社が運営をしていたのですが。今度は新しいデザインの水上タクシーがお目見えしたそうです。もちろんセウォル号の事故を起こした会社が運営するのではなくて。
　蚕室、さらにトゥクソムを出発して汝矣島に到着するコースで運行しているそうです。この水上タクシーに乗って、川べりを照らしてくれる橋の本当にすてきな照明や、ソウルの夜景を一度見物してみるのもいいと思います。私も一度いつか行って、体験

보리수　菩提樹(ぼだい)
줌　一握りの分量
여기다　思う、考える
애타다　心を焦がす、気苦労する、気をもむ
기를 쓰다（気---）　躍起になる、必死になる
해치다（害--）　害する、傷つける

다가오다　近づく、近づいてくる、迫る
마무리하다　締めくくる、仕上げる
선을 보이다　お目見えする、初公開する
비추다　照らす

젠가 가서 체험을 해 보겠습니다.

또요, 세계유산인 **수원성**을 하늘에서부터 **내려다볼** 수 있는 열기구를 수원성에서 운행하고 있다고 하지요. 70미터에서 100미터 높이까지 **뜬다고** 하는데요. 약 20분 동안 수원성과 수원 시내 경치를 즐길 수 있다고 합니다. 어른이 18,000원이라고 하니까 그렇게 비싸지는 않은 거지요? 네, 밤 10시까지 운행한다고 하니까 야경도 즐길 수 있을 것 같습니다. 정말 공기도 맑은 이때에 아름다운 경치도 함께 만끽해 주셨으면 합니다.

〈hana+one〉, 지금까지 임주희가 보내 드렸습니다. 그럼 여러분 안녕히 계세요.

をしてみます。

また、世界遺産の水原城を空から見下ろすことができる熱気球を、水原城で運行しているそうです。70メートルから100メートルの高さまで浮くそうなんですが。約20分間、水原城と水原市内の景色を楽しむことができるそうです。大人が1万8000ウォンというので、そんなに高くはないですよね？ 夜の10時まで運行するそうですから、夜景も楽しむことができると思います。本当に空気も澄んだこの時期に、美しい景色も一緒に満喫してくだされればと思います。

「hana+one」、ここまでイム・チュヒがお送りしました。では皆さん、アンニョンヒケセヨ。

■司会進行・ニュース朗読
임주희：イム・チュヒ。ソウル生まれ。両親の仕事の関係で高校生のときに来日。現在、NHK国際放送局の韓国語アナウンサーや韓国語ナレーターとして声の仕事を続ける傍ら、早稲田大学などで韓国語講師としても活動中。
김정범：キム・ジョンボム。NHK国際放送局アナウンサー。

수원성　水原城。華城 (화성) ともいう
내려다보다　見下ろす
뜨다　浮く、浮かぶ

Present & Information

韓国に関する情報。読者プレゼントも。

インフォメーションコーナーで紹介されている本や商品の中から、対象商品が当たります。

(読者プレゼント応募方法)
プレゼント対象と書かれている商品に記載されている応募番号を、P.128の読者はがきにご記入の上、ご応募ください。発表は賞品の発送をもって代えさせていただきます。
応募締め切り：2016年12月31日（消印有効）

BOOKS

『韓国語リーディング タングニの韓国人生劇場』

好評『韓国語リーディング タングニの日本生活記』に続く第2弾！ 今回は、韓国人の人生を彩る光と影を取り上げます。隣国ながら日本と異なる点が少なくない韓国における誕生から死に至るまでさまざまなエピソードを取り上げて、韓流の裏側のリアルライフに迫ります。百日酒、イタリア・タオル、土のさじ、修能、シーワールド、パルチャ等々。本文には詳しい注、日本語訳付き。朗読音源をダウンロードして聞くことができます。

(プレゼント対象)
応募番号：①（3名様）
著者：金玄謹
定価：1900円＋税
発行：白水社

『世界最強の囲碁棋士、曺薫鉉の考え方』

人生をどう生きるか、仕事をどう進めていくか、家族や友人とどう付き合えばいいか。世界最多勝（1946勝）・最多優勝（160勝）の囲碁棋士、曺薫鉉（チョ・フンヒョン）が、日中韓のそうそうたる棋士たちとの戦いから導き出された、選択の瞬間に「最高の一手」を打つ考え方を伝えます。『hana』読者の皆さんには、原著との読み比べもおすすめ。戸田郁子さんの翻訳で楽しんだら、次はぜひ原著もどうぞ。

(プレゼント対象)
応募番号：②（3名様）
著者：曺薫鉉
訳者：戸田郁子
定価：1600円＋税
発行：アルク

『土地／토지』

1969年から94年まで26年にわたって書き継がれた『土地』。神保町の韓国ブックカフェ「チェッコリ」でおなじみのクオンが、完訳プロジェクトを始めました。今年11月初旬に第1、2巻が刊行され、2022年には全20巻がそろう予定。政治を担う者たちの間で主導権争いが続いた朝鮮王朝末期。混乱につけ込んで侵攻する中国・ロシア・日本の存在と、王朝に対する民衆の抵抗が強まり混沌とした社会状況を背景に、物語は1897年に始まり、日本による植民地支配を経て、1945年の8月15日に幕が閉じる、韓国現代文学最大の大河小説です。

©inoue michiko
(プレゼント対象)
応募番号：③（1、2巻セットで3名様）
価格：各巻2800円＋税
著：朴景利
翻訳：吉川凪、清水知佐子
発行：クオン

DRAMA

「彼女はキレイだった」

(プレゼント対象)
応募番号：④（3名様）

©2015 MBC

「キルミー・ヒールミー」での共演も絶賛されたパク・ソジュンとファン・ジョンウムのダブル主演！ 2016年最高のロマンチックコメディーがいよいよDVDで登場します。音声を忠実にハングル表記した韓国語字幕を収録！ 実際の会話において極めて使用頻度の高い活用形やスラング、流行語を幅広く収録。ハングルに慣れるための第一歩として、また、上級学習におけるシャドーイング用の音声付き台本としても使える万能コンテンツです。プレスシートを3名様にプレゼント！

【発売】
DVD-BOX1　2016年11月2日（水）
DVD-BOX2　2016年12月2日（金）
各17500円+税
【レンタル開始】
Vol.1〜5　2016年11月2日（水）
Vol.6〜10　2016年12月2日（金）
【発売元】
アクロス／TCエンタテインメント／TBS／ぴあ
【販売元】
TCエンタテインメント

EVENT

「アートとドラマから見る韓国」中央大学文学部主催シンポジウム

第1部「韓国現代アートの世界」、第2部「韓流は何をもたらしたか―2016年から問い直すドラマの可能性」の二部構成で、現代韓国の社会と文化を、アートとドラマという二つのジャンルから読み解こうという意欲的な試みです。（予約不要・入場無料・通訳付き）
【日時】
2016年11月12日（土）
13:00〜17:30（12:30開場）
【場所】
中央大学駿河台記念館370号室
（JR中央・総武線御茶ノ水駅より徒歩3分）
【お問い合わせ】
中央大学文学部事務室
TEL:042-674-3711
【ホームページ】http://www.chuo-u.ac.jp/academics/faculties/letters/

CIRCLES

埼玉県 hanaで韓国語を勉強する会

入間市、狭山市、飯能市、所沢市に居住の方（それ以外の方は相談してください）を対象に韓国語学習誌『hana』を使って勉強する勉強会です。付属CDの音声を使ったリーディングや掲載記事の音読、掲載記事の文法学習や日本語訳などを行います。特に講師はいませんので、お互いに知識や見識を持ち合って勉強していきます。①hanaの韓国語CDを聞いて内容が分かる②韓国語で自分の思っていることを話せる―というのを目標にしています。

【活動日時】
原則平日13:00〜16:00（休憩込み）、月2回
【活動場所】
埼玉県入間市藤沢公民館（西武線武蔵藤沢駅下車徒歩15分）
【会費】
1回250円程度（会場費、資料のコピー代金など）、『hana』の購入代金は個人負担。
【お問い合わせ】
阿久津信輝
Eメール：sinpha59g@gmail.com
フェイスブック：nobuki.akutsu

Voice　読者の声を紹介します。

✉ 「私」について表現する韓国語が良かったです。日本語ですら自分の説明をするのが難しいのに韓国語でとなるとさらに難易度がアップじゃないですか、と思いながらいろんな人の表現を聞いていたら、難しく考え過ぎなんだと思えました。
（宮城県　油川美佳様）

From 編集部
母国語でも、自己紹介の苦手な人っていますよね。かく言う私（副編）もその一人。起承転結のある自己紹介文を考えて、日本語と韓国語で話せるようにマスターしておきたいなと思う今日この頃。

✉ 12人の韓国人の生録音声を収録した物が一番良かったです。今後もネイティブの人へのインタビューをさまざまな質問で続けて、一冊の本にしてほしいです。擬声語・擬態語も良かったので一冊の本にしてほしいです。「こんなとき、どういう?」も本にしてほしいです。
（奈良県　武平竜一様）

From 編集部
たくさんの書籍化希望をありがとうございます！『hana』での連載をきっかけに書籍化されたのはまだ『韓国語の発音変化完全マスター』だけですが、今後、人気連載は書籍化する予定です！

✉ 話のプロではない、今回の一般の方へのインタビューは個性的で人柄も感じられるようで、聞くのが楽しくて繰り返し聞いています。特に名前の由来や使用する漢字の説明の仕方は日本と通じるものがあり興味深いです。自分の名前はどう説明しようかと考え中です。
（愛知県　匿名希望様）

From 編集部
相づちや、言葉のつなぎ方、呼吸の入れ方など、参考なる音声でしたよね。ぜひ、韓国の方に上手に自己紹介をしてみてください。こちらには載せませんでしたが、はがきに書いてくださったお名前の説明方法が通じたかも、今度教えてくださいね！(^^)

✉ -는데·-ㄴ/은데の用法が良かったです。文を作るとき、-지만と迷ったり、こんなとき使っていいのかな?といつも迷っていたのが、解明できました。多様な使い方・ニュアンスがあるのですね。
（埼玉県　山本千賀子様）

From 編集部
ご満足いただけて何よりです。微妙なニュアンスの違いを、既存のテキストから学び取るのはなかなか難しいものですよね。

✉ 韓国語の擬声語擬態語は本当に苦手で覚えた先から忘れて行くのですが、「도토리 소리」は情景がありありと目に浮かぶようで、音読しながら擬態語が体に浸透していくような感覚を味わいました。童心に返るようで韓国の子どもたちもこうやって言葉を覚えていくのかと思いました。
（福島県　匿名希望様）

From 編集部
擬声語擬態語を日常会話に取り入れるのは上級者でも至難の業ですよね。このような体験を通して、少しずつ擬声語擬態語が身に付けられるといいですね。

本誌へのご意見、ご感想は、
・とじ込み読者はがき
・メール：info@hanapress.com
・フェイスブック：
　https://www.facebook.com/HANA.hanapress
・ツイッター：@hanapress
まで、どしどしお寄せください！

注：誌面の関係上、一部編集させていただきました。

編集後記

한해가 얼마 남지 않았다는 초조함이 나를 짓누릅니다. 누구나 겪는 이 상심을 또 잘 넘겨야겠죠? 우선, 가을을 즐기는 걸로! (선)

ロボット掃除機購入。当初はごみを彼の通り道に移動し、椅子を邪魔にならないようにしたが、今はジャングルを抜け出すかのような動きに満足。(姫)

このところ、映画によく行くようになりました。毎週どこかしら見に出掛けています。3日連続で見に行くことも。ふらっと好きな時間に見に行って帰ってくるという過ごし方が好きで、よく行っています。(わ)

細かくつぶしたバナナを保湿クリームと混ぜ、化粧水の後にたっぷり塗って、20分くらい置いてぬるま湯、冷水の順で洗います。バナナの糖分クリームの浸透力を助けるんだとか。(ちゅひ)

秋風が吹きました。ハレーションのごとく記憶も奪う夏に、僕の記憶は5月から飛んでます。気付けば今年も2カ月。2016年がもったいなく過ぎてしまいそうです。(h)

出張で静岡→大阪→神戸→京都→名古屋を回っています。今回の出張での新たな衝撃が、静岡「炭火焼きレストランさわやか」のげんこつハンバーグの旨さ。わざわざ行って食べる価値あり。(豚)

2週間後、3年ぶりの韓国に。「やりたいこと」を書いたのに、「食べたい物」のリストになってしまった。육회、게장、내장탕、치맥、전에다 막걸리……。(松)

妻の誕生日に생일 축하해요!とカトクのメッセージをくれたのは、彼女の語学留学でのロシア人クラスメート、ナタちゃん。SNSの普及により、韓国語で世界とつながることができる時代だと実感。(星)

次号の hana Vol.17 は
2017年1月上旬発売予定！

韓国語学習ジャーナル
hana Vol.16

2016年11月1日　初刷発行

編　者	hana編集部
編集・発行人	裵 正烈
副編集長	松島 彩
編　集	コーディネートワン、鷲澤仁志
デザイン	木下浩一（アングラウン）
DTP	共同制作社、藤澤美映
校　正	岡田英夫、イ・ソンミ
音声編集	小野 博
CDプレス	イービストレード株式会社
印刷・製本	株式会社廣済堂
営　業	浅見綾子
発　行	株式会社HANA

〒102-0071
東京都千代田区富士見1-11-23
TEL 03-6909-9380
FAX 03-6909-9388
E-mail: info@hanapress.com

発　売　株式会社インプレス

〒101-0051
東京都千代田区神田神保町一丁目105番地
TEL 03-6837-4635（出版営業統括部）

ISBN978-4-295-40002-8 C0087
©HANA 2016 Printed in Japan

【本の内容に関するお問い合わせ先】
hana編集部
TEL 03-6909-9380　FAX 03-6909-9388

【乱丁本・落丁本のお取り換えに関するお問い合わせ先】
インプレス カスタマーセンター
TEL 03-6837-5016　FAX 03-6837-5023
info@impress.co.jp

【書店／販売店のご注文受付】
株式会社インプレス　受注センター
TEL 048-449-8040　FAX 048-449-8041